Anousch Kapourchali

Das entwertete Humankapital

Zu diesem Buch

Die bewegende Biografie führt eindrücklich die Ursachen und Folgen einer erzwungenen Migration aus dem Iran vor Augen, wo nach der ‚Islamischen Revolution' individuelle Freiheiten massiv beschnitten wurden. Der Autor beschreibt den Heimatverlust wie auch die Folgen der Auswanderung in ein Land, das ‚Fremden' das Heimisch-Werden schwer macht.

Die treibende Kraft für sein Schreiben war, Beweggründe für ein Leben als ‚Vagabund' seiner Familie und den Menschen aus der Heimat verständlich zu machen.

Ein Glossar mit Erläuterungen erleichtert den Zugriff auf iranische Begriffe und Abkürzungen.

Der Autor

Anousch Kapourchali ist Zeitzeuge des gewaltigen Umbruchs in Persien im Jahr 1979. Geboren in einem kleinen Dorf am Kaspischen Meer bekommt der Autor in der Schah-Zeit die Chance sich aus einfachen ländlichen Verhältnissen bis zum Studienabschluss als Schulpsychologe heranzubilden. Den Beruf ausüben und damit eine Existenzgrundlage im Iran aufbauen kann er jedoch nicht, da er unter dem Khomeini-Regime seine Rechte, seine persönlichen Kontakte, seine Familie und schließlich auch seine Ehre verliert. In der Hoffnung auf menschenwürdigere Verhältnisse und ein Ende seines zähen Lebenskampfes zieht er nach Deutschland, wo ihn nicht minder harte Existenznöte erwarten.

Als Schutz vor Verfolgung erscheint diese Biografie unter einem Pseudonym.

Anousch Kapourchali

Das entwertete Humankapital

Aus dem Leben eines Migranten

stellaplan

FSC
www.fsc.org
MIX
Papier aus verantwortungsvollen Quellen
Paper from responsible sources
FSC® C105338

ISBN: 978-3-946310-20-4

Lektorat & Korrektorat: Birgit Wahl-Bucka
Satz: stellaplan x-media-publishing
Herstellung: BoD – Books on Demand

WORTE DES DANKES

Beim Schreiben dieses Buches in deutscher Sprache haben mir Dutzende von Menschen ihre Zeit, ihre Energie und ihr Vertrauen geschenkt.

Leider bin ich außerstande allen zu danken, die mir geholfen haben.

Ich möchte ausdrücklich die Bemühungen der drei Studierenden Anja, Tanja und besonders Mathias hervorheben. Ohne ihre Hilfe wäre dieses Buch nicht entstanden.

Mein besonderer Dank geht an Birgit Wahl-Bucka und Johannes Bucka für die mühevolle Korrektur, Ergänzungen und Strukturierung des Buches.

VORWORT

Dieses Buch behandelt in autobiografischer Form ein wahres Geschehen. Alle darin geschilderten Ereignisse sind verbürgte Geschichte, wenn auch einzelne Episoden von mir aus politischen Gründen zensiert wurden.

Sämtliche Personen und Orte des Geschehens sind frei erfunden. Eine Ausnahme bilden namentlich erwähnte Persönlichkeiten wie Khomeini, Rafsandschani und andere, die in der hier behandelten Zeit eine politische Funktion inne hatten.

> *„Setzten wir uns an die Stelle anderer Personen, so würden Eifersucht und Hass wegfallen, die wir gegen sie empfinden."*
>
> *Johann Wolfgang von Goethe*

FREI GESCHAFFEN, IN KETTEN GEBOREN

„Das ist unser schönster und süßester Wahn, den wir nicht aufgeben dürfen, ob er uns gleich viel Pein im Leben verursacht, dass wir das, was wir schätzen und verehren, uns auch wo möglich zueignen, ja aus uns selbst hervorbringen und darstellen möchten."

Johann Wolfgang von Goethe

Warum ich meine Lebensgeschichte aufschreibe

Mein Ziel – was auch immer es sonst sein mag – ist nicht, jemanden verantwortlich zu machen oder gar zu verurteilen.

Mein Ziel ist zu zeigen, warum ich heute da bin, wo ich bin.

Ich weiß, es ändert sich nichts, wenn ich schreibe, aber ich weiß:

Wer sich gegen Unrecht nicht wehrt,
der ist nicht sicher vor dem Schwert.

Märchen aus Tausendundeine Nacht

Wenn ich nichts sage und aufschreibe, erfährt die Welt nicht, was sie erfahren sollte, und alle denken, alles sei in Ordnung.

Wenn ich mich erinnere und das Leben meiner Eltern betrachte, frage ich mich oft, ob sie sich genug Mühe gegeben haben, ihre Ziele zu erreichen. Hatten sie überhaupt Ziele in ihrem Leben, außer dem einen Ziel zu überleben? Haben sie die Möglichkeiten, die sich ihnen boten, völlig ausgeschöpft?

Ich wurde vermutlich Ende Mai 1954 in einem Dorf namens Kapourchal etwa zwanzig Kilometer entfernt von Bandaranzali am Kaspischen Meer im Iran zur Welt gekommen. Meine Geburt war keine geplante Geburt. Es waren keine Trommler und keine Gäste eingeladen. Meine Geburt war für meine Eltern kein besonderes Ereignis. Mein Geburtstag war kein Tag, den man monatelang vorher im Kalender ankreuzte, kein Tag, der an einen Ursprung erinnert, an Segen und Glück oder auch Ängste und Hoffnungen, kein Datum, an das man sich klammern könnte. Für meinen Vater bedeutete es eher eine Sorge mehr, denn er musste ein weiteres Familienmitglied versorgen.

Ob ich tatsächlich an diesem Tag zur Welt gekommen bin, weiß keiner, weil es damals bei uns üblich war, dass nur alle fünf bis sechs Monate jemand von der Abteilung Registerangelegenheiten des Landes in die kleinen Dörfer kam und für die in der Zwischenzeit Neugeborenen nach Zufallsprinzip einen Ausweis erstellte.

Jeder schöne Tag in meinem Leben könnte also mein Geburtstag sein.

Alle Bewohner des Dorfes Kapourchal, damals schätzungsweise nicht mehr als 1 500, waren irgendwie miteinander verwandt. Da das Dorf am Kaspischen Meer liegt, lebten die meisten seiner Bewohner vom Fischfang oder Reisanbau. Mein Vater hatte sich für den Reisanbau entschieden, das heißt, er war sechs Monate im Reisfeld beschäftigt und den Rest des Jahres hat er in einem kleinen Laden Textilwaren zum Nähen verkauft. Das Geschäft gehörte ihm ebenso wenig wie das Reisfeld. Dieser Beschäftigung ging er eigentlich auch nur nach, damit er von zu Hause wegbleiben konnte. Verdient hat er dort nicht viel. Er verbrachte die meiste Zeit im Teehaus.

Mein Vater hat nie mit mir über sein Leben und über die Welt gesprochen, er hat nie die Rolle eines Vorbildes für mich eingenommen.

Warum hat er nur sechs Monate im Jahr im Reisfeld

gearbeitet und den Rest seines Leben fast nutzlos im Teehaus verbracht und gewartet, dass er ein paar Groschen am Stoffverkauf verdienen konnte, die er im Teehaus sofort wieder ausgab? Worauf hat er gewartet? Welche Gedanken gingen meinem Vater durch den Kopf, als er tagelang im Teehaus saß?
Vielleicht hoffte er:

Unrecht, dem angetan, der schuldlos wie ein Kind,
Zum Täter kehrt's zurück, wie Staubwurf gegen Wind.

Buddha

Warum hat er nicht versucht, ein richtiges Nebeneinkommen zu haben? Warum hat er nicht versucht, Viehzucht und Gemüseanbau im großen Umfang zu betreiben? Warum hat meine Familie keine Marmelade, kein Kompott hergestellt, obwohl es in unserem Hof genügend ertragreiche Obstbäume gab? Die ganze Zeit im Teehaus zu sitzen, um sich die Zeit zu vertreiben, war das nicht langweilig? Hat mein Vater sich jemals ernsthaft über die Zukunft seiner Familie Gedanken gemacht, hatte er deswegen jemals schlaflose Nächte?

Obwohl mein Vater kein großes Nebeneinkommen hatte, mussten wir nicht hungern. Reis war immer reichlich vorhanden, und meine Mutter hat es immer geschafft, etwas auf den Tisch zu bringen, wenn die Gerichte auch meist eintönig waren und selten Fleisch dabei war.

Das Reisfeld, das mein Vater bearbeitete, gehörte meinem Onkel, seinem jüngeren Bruder. Deswegen musste er nach der Ernte ein Drittel davon seinem

Bruder abgeben. Die Körner hatte mein Onkel, uns blieb das Stroh. Woher hatte mein Onkel so viele Reisfelder und so viel Geld? Wieso hat mein Onkel nicht das Reisfeld seinem Bruder umsonst zu Verfügung gestellt? Solche Fragen wurden in unserer Familie nie angesprochen.

Mein Vater war Analphabet, aber ein gläubiger Mensch. Ob sein Glaube nur aus der Familientradition übernommen oder ob er aus eigener Überzeugung gläubig war, das weiß ich nicht. Er hat nie versucht, mich in diese Richtung zu beeinflussen oder überhaupt ein Vorbild zu sein. Hat mein Vater das Leben grundsätzlich als etwas Sinnloses, Lächerliches betrachtet, hat er keinen Wert darauf gelegt? Oder dachte er, dass ich meinen Weg selber finden müsse? Dachte er vielleicht, wenn er mir hilft und mich im Leben begleitet, machte er aus mir eine abhängige Person? Oder dachte er, sein Glaube und dessen Werte würden in der Zeit, in der ich leben würde, keine Bedeutung mehr haben, und ich müsste meinen Glauben und meine Lebenswerte passend zu meiner Zeit neu erwerben? War mein Vater so intelligent und vorausschauend?

Manchmal meine ich, dass ich ein ‚Emile' wie aus dem Buch von Jean Jacques Rousseau für meinen Vater war, aber dann hätte mein Vater eigentlich für mich ein Vorbild sein und meine Gaben fördern müssen. Aber welche Talente hätten das sein sollen: etwa die mathematische Gabe? Sollte er mir sagen: Eins ist gleich eins, sollte er die Zahlen bis zur Milliarde einem Kind beibringen, das keinen Cent in der Tasche hatte? Oder sollte er die medizinische Gabe bei mir anstacheln, die er schon rein finanziell nicht fördern konnte? Oder sollte er mir den großen Ozean zeigen, wo es doch für mich nicht einmal die Möglichkeit gab, in einem Tümpel zu schwimmen? Hätten diese Fördermaßnahmen mich später glücklicher gemacht oder mir eher mehr Leid zugefügt? Dachte mein Vater: Je denkfauler und unwissender mein Sohn bleibt, desto glücklicher und erfolgreicher wird er im Leben sein?

Für ihn waren das Dorf und das Reisfeld die Welt. Wenn er gewollt hätte, dass ich eine größere Welt kennenlernte, dann hätte er mir die Möglichkeit dazu geben müssen, was er aber nicht konnte. Darum war der beste Weg für ihn, mich in meiner Welt in Ruhe und allein zu lassen. Aber warum hat er nicht versucht, sein eigenes Leben zu verbessern, und warum war er zufrieden mit dem wenigen, was er hatte? Warum wollte er nichts riskieren, was hatte er denn schon zu verlieren?

Meine Mutter war auch eine Analphabetin. Sie hat immer versucht neben Haushalt und Hilfe im Reisfeld durch verschiedene Tätigkeiten wie Hühnerzucht und Gemüseanbau etwas dazu zu verdienen. Dabei war sie auf meine Hilfe angewiesen, etwa um ihre Waren zu verkaufen. Das tat ich auch gerne für sie, obwohl es mir als Kind sehr peinlich war.

Armut macht den Mann beschämt,
Scham und Unglück macht ihn mutlos,
Mutlos wird er unterdrücket,
Unterdrücket wird er grämlich,
Gram und Kummer schwächt die Seele,
Seelenschwäche bringt Verderben:
Ach, so senkst du, böse Armut,
Endlich in das tiefste Weh!

Johann Gottfried von Herder

Von meiner Kindheit bis zur Schulzeit, habe ich kaum Erinnerungen. Wenn ich zurückzublicken versuche, erinnere ich mich jedoch an eine Situation: Ich sehe mich mit einer mit Zuckerwasser gefüllten Flasche am Mund auf einer Binsenmatte auf dem Boden eines Zimmers liegen, das als Wohnzimmer, Schlafzimmer und Küche diente, und ich höre die Schreie meiner kleinen Schwester nach ihrer Geburt.

Ob ich in dieser Zeit andere Spielkameraden außer meiner kleinen Schwester und unseren Tieren hatte, weiß ich nicht mehr. Woran ich mich noch sehr gut erinnere und was eventuell auch eine grundlegende Wirkung in meinem Leben hatte, war meine Erkrankung und die damit verbundenen Krankenhausbesuche. Ich sehe mich noch heute auf dem Rücken meiner Mutter, wie sie mich ins Krankenhaus brachte.

Kapourchal war damals ein kleines Dorf mit zwei sehr modernen, nicht der Zeit angemessenen Einrichtungen:

Zum einen gab es ein sehr großes, schönes, modernes Krankenhaus mit einem Operationssaal und allen dazu gehörenden Einrichtungen. Warum es das ausgerechnet in unserem Dorf gab, weiß ich bis heute nicht. Damals, im Jahr 1954, hatte dieses Dorf keinen Strom. Die Häuser wurden, wenn überhaupt, mit Öl beheizt und beleuchtet. Aber dieses Krankenhaus hatte einen eigenen Generator und war die ganze Nacht beleuchtet.

War dieser Krankenhausbesuch ausschlaggebend dafür, dass ich in meinem ganzen Leben immer Medizin studieren wollte? War meine ständige Krankheit, wegen der ich vor Schmerzen und Fieber in der Nacht nicht schlafen konnte und die mich stets meine Knöchel zum Knacken bringen ließ, um die anderen, die schliefen, vorsichtig auf mich und auf meine verzweifelte Situation aufmerksam zu machen, der Grund für meinen Traum von dem Medizinstudium?

Wer hat die Gedanken in meinen Kopf gesetzt und mir suggeriert, dass ich mein Land verlassen und die große Welt kennenlernen müsse? Meine Eltern waren es nicht.

Die zweite und noch viel interessantere Einrichtung in diesem Dorf, in dem fast alle älteren Bewohner Analphabeten waren, war eine ganz moderne Schule mit Basketball- und Fußballfeldern, wo man bis zur neunten und später auch bis zur zehnten Klasse lernen konnte.

Was war das Ziel einer solchen Schule in einem so kleinen Dorf? Sollte sie ein besseres Leben ins Dorf bringen oder verursachte sie eher noch mehr Leid? Denn was hat diese Schule mir gegeben, was ist aus mir geworden, nachdem ich sie besucht hatte: ein Vagabund, ein Bettler, ein Verbannter? Wäre ich nicht glücklicher gewesen, wenn ich in meinem Dorf geblieben wäre? Wieso sollte ein Kind, das keine richtigen Schuhe und Kleider an hat und in Regen und Schnee fast erfroren zur Schule kommt, lernen, wann Wasser gefriert? Was nützt dem das Wissen über Vitamine, Proteine, der ohne Frühstück zur Schule gekommen ist?

Eine neue, moderne Welt kennenzulernen, war das eine Wohltat?

Damals war meine Lern- und Wissbegier zu groß.

DER SCHAH LÄSST MICH LERNEN

Wahrlich, Allah fügt den Menschen kein Unrecht zu, die Menschen aber begehen Unrecht an ihren eigenen Seelen.

Der Koran Jonas 44

Die Menschen schämen sich nicht des Unrechts, das sie tun, sondern dessen, das sie leiden.

Giacomo Leopardi

Ich war kaum sechs Jahre alt, als die Schule für mich anfangen sollte. Weil ich noch so jung war oder weil man vergessen hatte mich anzumelden, konnte ich zunächst nicht hingehen. So blieb ich noch drei Monate zu Hause. In dieser Zeit lernte ich selbständig die Buchstaben. Wer mir dabei half, weiß ich heute nicht mehr. Eins weiß ich aber noch, nämlich, dass ich Linkshänder war und mein älterer Bruder mich gezwungen hat, mit der rechten Hand zu schreiben.

Als ich nach der dreimonatigen Zwangspause dann endlich zur Schule gehen durfte, hatte ich überhaupt kein Problem mitzukommen. Ich war zur Zeit der Einschulung eher klein und schmächtig. Meine gesamte Statur wies auf eine schwächliche Konstitution hin, eine Folge der verschiedensten Krankheiten in meiner Kindheit.

Der Schulanfang brachte mit sich, was zu erwarten war: Ich war der Kleinste meines Jahrgangs, und die Schulordnung bestätigte, was ich schon erfahren hatte. Allmorgendlich hatte ich als letzter in der Reihe der Erstklässler auf die Öffnung des Schultores zu warten. Es war offensichtlich, dass ich mich letztendlich nicht körperlich mit meinen Kameraden würde messen können, was mir selbst auch nicht verborgen blieb.

Leptosom wie ich war, ohne gebrechlich und verzärtelt zu sein, zwangen mich diese Voraussetzungen dazu, mich in unerbittlichen Zweikämpfen zu messen, insbesondere gegen meinen ständig überlegenen Cousin, mit dem ich mich ohne Rücksicht auf Verluste anlegte. Ganz bewusst verlangte ich meinen Muskeln mehr ab, als sie zu leisten fähig waren.

Meine Schulklasse in Kapourchal Anfang der 60er Jahre

Für mich galten die Regeln der Unterwerfung nicht. Ich konnte nicht die Überzeugung meines Vaters akzeptieren, dass meine Unterlegenheit mein Schicksal und Gottes Wille sei. Ich habe meine eigene Art mich durchzusetzen, ich würde mein Schicksal auch gegen seinen Willen ändern, um zu zeigen, dass ich auch jemand bin.

Schon bald übertraf ich auf meine Weise die trainierten Muskeln und sportlichen Leiber der anderen. Obwohl mir zu Hause niemand half, war ich immer der Zweit- oder Drittbeste in meiner Klasse. Meinen privaten Triumph hatte ich jedes Mal, wenn mich einer der stärkeren und stolzen Mitschüler um Hilfe bei den Hausaufgaben bat. Das geschah nicht selten und zumeist vor einer anstehenden Prüfung. Dann versprach ich bereitwillig meine Unterstützung, versicherte sie meiner Hilfe und versetzte sie damit in den guten Glauben, Nachhilfe zu bekommen, um dann aber doch nicht zur Verabredung zu erscheinen. Ja, dies waren die kleinen Freuden des Einzelgängers, die bis auf unwesentliche Balgereien jene Erinnerungen an die ersten Schuljahre ausmachen, die sein Selbstbewusstsein schulten.

Der durch diese Machtspielchen verlorengegangene Kontakt zu den Gleichaltrigen wurde mir nicht bewusst. Den Ausschluss aus der Klassengemeinschaft empfand ich als Tribut an meine eigene Stärke. Ich war zwar körperlich unterlegen und daher unattraktiv, aber ich deutete mein Anderssein als Größe, durch die ich Selbstbewusstsein erfuhr. Für mich selbst war ich stark genug, stark insbesondere durch meinen Willen, so stark, dass ich ab dem sechsten Schuljahr regelmäßig anderen Schülern Nachhilfe geben konnte und mir so immer das notwendige Geld verdiente, um unabhängig von meinen Eltern zu sein.

Mit fünfzehn Jahren hatte ich dann die erste Schulphase hinter mir. Wer weiter lernen wollte, musste von Kapourchal in die zwanzig Kilometer entfernte Stadt Bandaranzali fahren, um dort die weiterführende Schule zu besuchen. Meine Leistungen sprachen dafür. Mein Lehrer sagte einmal zu mir: „Die Türen aller Unis stehen dir offen“ Und ich dachte: Ja, die stehen offen, aber offen ins Nichts. Obwohl man jetzt auch die zehnte Klasse in meinem Dorf besuchen konnte, meinten die Lehrer, dass ich die Schule in Bandaranzali besuchen sollte. Meine Eltern waren auch damit einverstanden. Ich sollte für die Dauer der Schulzeit bei einem Ehepaar leben, das mit uns verwandt war. Ob der Aufenthalt dort eine Vollpension sein sollte oder ob ich mich selbst versorgen müsste, hat mir niemand gesagt, und ich habe auch nicht gefragt. Mein älterer Bruder brachte mich mit einer Decke und einem Kissen zu dem Ehepaar in der Stadt. Ich bekam dort nur ein Zimmer und sonst nichts. Ich hatte kein Geld und auch nichts zum Kochen, nicht einmal ein Tisch oder Stuhl waren im diesem Zimmer. Wie sollte es weitergehen?

Am ersten Tag wusste ich nicht, ob ich mit dem Ehepaar frühstücken durfte. Das war nicht so dramatisch, ich bin fast immer ohne Frühstück zur Schule gegangen. Als ich aber mittags von der Schule zurück nach Hause zu dem Ehepaar kam, wusste ich immer noch nicht, wo ich essen sollte. Selber kochen war nicht möglich, also habe ich, ohne zu fragen, einfach mitgegessen. Nach einer Woche der Ungewissheit in der fremden Stadt bin ich wieder zurück in mein Dorf gegangen. Ich konnte diese unklare Situation nicht länger aushalten. Zurück in die Dorfschule zu gehen, das empfand ich für mich dann als eine Niederlage. Auf die Fragen meiner Lehrer zu meiner Rückkehr gab ich daher auch keine Antwort.

Nachdem ich die zehnte Klasse dann abgeschlossen hatte, musste ich entweder die Schule für immer verlassen oder weitermachen. Mein älterer Bruder hatte die Ausbildung bereits beendet. Er war kräftig und konnte im Reisfeld arbeiten oder jagen. Ich habe zwar auch gelernt zu kämpfen, aber in einer Art und Weise, von der ich nach dem Verlassen der Schule keinen Gebrauch machen konnte. Also habe ich beschlossen weiter zu lernen.

Meine Eltern stellten das Geld für meine täglichen Wege zur Schule in der Stadt zur Verfügung. Mein

Vater verlangte von keinem seiner Söhne, auch nicht von mir, dass sie in seine Fußstapfen treten sollten. Besonders gegenüber dem ältesten von uns Brüdern, bei dem zuerst eine Entscheidung zu fällen war, war er stets auf das Beste bedacht. Er musste niemals auf dem Feld mithelfen, Vater tat alles, um ihm das Lernen fürs Abitur zu erleichtern. Er unterstützte ihn in der Erwartung, dass er später der Familie und seinen Geschwistern genauso helfen werde. Deshalb konnte Rezwan, mein zweitältester Bruder, nicht weiter in die Schule gehen und hat nach dem neunten Schuljahr aufgehört.

Nun bekam auch ich die Unterstützung meines Vaters. Die Bedingungen an der neuen Schule stellten mich vor harte Proben, an denen ich meine Ausdauer und meinen Ehrgeiz messen sollte. Meine Schulzeit im Dorf war anders abgelaufen als die, mit der ich jetzt konfrontiert war. Die meisten meiner Mitschüler kamen aus den Stadtschulen und waren an diese Anforderungen schon gewöhnt.

Am ersten Tag stellte ich fest, dass man die Mittagspause außerhalb des Schulgeländes verbringen musste. Leider hatte ich immer nur das Fahrgeld und musste deshalb ohne Mittagessen mit zunehmender Müdigkeit bis sechszehn Uhr in der Schule sein. Auch zum Zeitvertreib irgendwelche Angebote in der Stadt zu nutzen, war für mich auf ein Nichts beschränkt.

Im Frühling war das weniger tragisch, da konnte man spazieren gehen und über den Markt bummeln oder im Bulwar sitzen und die Fischer beobachten oder man konnte den Frachtschiffen aus Russland zuschauen. Aber das musste ich dann irgendwann lassen, weil es nicht angenehm war, mit quälendem Hunger durch die Stadt zu laufen. Die Düfte von frischgebackenen Fladenbroten, die vor den Läden hingen, vermengt mit der Meeresluft und den Düften von Orangenblüten im Bulwar, trieben mich fast in den Wahnsinn. Ich kann heute noch den Duft des frischen Brotes aus dieser Zeit riechen.

Im Winter gab es für mich keine Gelegenheit, der Kälte zu entfliehen. Wenn ich Geld gehabt hätte, hätte ich in ein Teehaus gehen und diese Stunden in einem warmen Raum verbringen können anstatt sinnlos mit nassen Schuhen und Socken hin und her zulaufen und die Kälte an meiner ohnehin schon spärlichen Substanz zehren zu lassen, wodurch ich im Nachmittagsunterricht immer schon viel zu müde war, um dem Lehrer zu folgen und den Lernstoff aufzunehmen.

Während der ersten Monate fiel es mir schwer, bei dem Niveau der Klasse mitzuhalten, die Kenntnisse aus der Dorfschule reichten, wie das Ergebnis der ersten Prüfung nur allzu deutlich zeigte, nicht aus. Ich war einer der Schlechtesten, und damit waren wieder Bedingungen erreicht, unter denen andere normalerweise den Mut verlieren. Ich aber, von einem starken innerem Willen angespornt, sagte mir: „Nein, akzeptiere das nicht. Schließlich warst du zehn Jahre lang unter den Besten. Du kannst das, es wird weitergehen wie zuvor! Du kommst auch hier unter die ersten Zehn."

Diesen Vorsatz aufrechtzuerhalten, war in Bandaranzali leicht. Ich musste nicht mehr zu Bekannten gehen, um Bücher auszuleihen, sondern fand eine

Bibliothek, wo ich vielseitig und selbstständig lernen konnte. Bei der folgenden Prüfung drei Monate später schließlich schnitt ich wesentlich besser ab. Da ich jetzt in der Klasse angesehener war, fand ich allmählich Freunde, die mir gleichgesinnt waren, anders als zuvor im Dorf. Durch meine neuen Kontakte konnte ich Fragen thematisieren, die meinen Horizont erweiterten. Ich lernte nun meine bislang unklaren Gefühle über eine mir umfassend erscheinende Ungerechtigkeit in der Welt in Worte zu fassen: Wenn alle Menschen gleich sind und wenn es seinen Grund hat, dass eins und eins zwei ergibt, warum sollte ich dann im Schnee hin- und herlaufen, während es die anderen warm hatten?

Mutter, warum hast du mich zur Welt gebracht, wenn ihr mich doch nicht versorgen konntet? Meine Mutter konnte keine Antwort auf diese Frage geben, obwohl ich mehrmals nachhakte. Aber selbst wenn sie etwas zu antworten gewusst hätte, hätte ich es wohl nicht erfahren. Vielleicht hat sie auch dem Koran geglaubt, in dem steht:

> *„Bringt eure Kinder nicht um, auch wenn sie arm sind, denn ICH versorge euch und die Kinder."*
>
> *Der Koran Al-Anam 150*

Aber wenn das wirklich wahr ist, wo war ER denn in diesen Zeiten und wo ist ER jetzt? Hatte ER von verhungernden Kindern etwas gehört? Weiß ER, dass jede Minute weltweit 25 Kinder Opfer von Hunger und Krankheit durch Krieg und Korruption werden? Hatte ER etwas von sechsjährigen Sklaven gehört?

Die Antwort ist natürlich: *Dies ist nicht Gottes Wille.* Damals konnte ich das nicht glauben, aber heute glaube ich fest daran.

Obwohl mir meine Eltern nie eine Antwort auf meine Fragen gegeben haben, gab mir später die Welt selbst die Antwort. In jener Zeit, in der ich im Schnee hin- und herlief, gingen andere ins Kino, um sich zu amüsieren. Schon äußerlich konnte ich nicht zu ihnen gehören, deshalb zog ich mich zurück. Meine Freunde aber waren diejenigen, die in der Schule die Besten waren, was meinen Ehrgeiz immer wieder aufs Neue herausforderte.

Nach einem Jahr, etwa im Alter von sechzehn, konnte mir die Schule nicht mehr das geben, was ich verlangte. Mein neues Ziel war die Aufnahme an einer Universität, und dafür musste ich eine Aufnahmeprüfung bestehen. Es wurde allgemein davon geredet, dass man mit einem Abitur von einer Privatschule die besten Chancen hätte, diese Prüfungen erfolgreich abzuschließen. Bei der Aufnahmeprüfung für die Universität treten nämlich alle Interessenten des gesamten Landes miteinander in Konkurrenz. Um diese Prüfung zu bestehen, musste ich also wieder einen Schritt weiter gehen.

Mein ältester Bruder Josef hatte mir versprochen, mich finanziell zu unterstützen. So konnte ich 60 Kilometer entfernt von Kapourchal in Rascht zur Schule gehen. Für die Dauer des Schulaufenthaltes durfte ich bei einem Cousin wohnen, der dort arbeitete und nur ein kleines Zimmer hatte. Das Zimmerchen diente als Wohn-Schlafzimmer und Küche.

Warum konnte und durfte ich nicht bei meinem ältesten Bruder wohnen, der von meinem Vater voll unterstützt wurde und auch in dieser Stadt wohnte und arbeitete? Warum akzeptierte ich immer alles? Hier war auch unklar, wer die Miete für mich zahlte. Zum Kochen gab es nichts, ich aß, was ich fand. Ich hatte keine Freunde bis auf meine Bücher und keine Besucher außer einer kleinen Maus, die hin und wieder aus einem Loch hinter meiner Zimmertür kam und mich beobachtete.

Mein Bruder hat am Anfang mir finanziell hin und wieder geholfen, aber nach kurzer Zeit wurde dieser Hahn wieder zugedreht. Ich ging oft zu ihm in der Hoffnung, er würde mich nach meiner finanziellen Lage fragen, aber das passierte nicht, und ich schaffte es auch nicht, ihn um Hilfe zu bitten. *„Der Baum möchte größer werden, kriegt aber keine Sonne."* Gab es für mich überhaupt eine Sonne?

Ich sah kein Licht am Horizont. Ich wollte unbedingt an eine der Eliteschulen, aber hierzu fehlten erstens das Geld und zweitens die Beziehungen. Diese Hindernisse waren für mich jedoch kein Grund, mein Vorhaben aufzugeben. Schließlich schaffte ich es, Schüler von der Privatschule Schapur kennenzulernen, von ihnen Bücher und Notizen auszuleihen und diese zu Hause zu bearbeiten.

In diesem Jahr gab es so viel Schnee, dass die Schule für längere Zeit geschlossen blieb. Ich blieb zu Hause bei meinen Eltern und lernte aus einer zusammengetragenen Mischung aus Notizen von der Privatschule und jener Schule, die ich besuchte. Ich brachte mich aus eigener Kraft voran und nahm an den letzten Prüfungen für das Abitur teil. Man musste eine bestimmte Durchschnittsnote erreichen, dann war die Prüfung insgesamt bestanden. Nach etwa sechs absolvierten Prüfungen war bereits abzusehen, dass ich bestanden hatte. Damit war vorerst mein Ziel erreicht. Ich konnte aufatmen und nahm die verbleibenden Prüfungen verständlicherweise nicht so ernst. Leider konnte ich damals nicht vorhersehen, dass gerade diese anstehenden Ergebnisse einmal äußerst wichtig werden sollten, da in Deutschland nach genau diesen Noten gefragt wird.

Ich war keine achtzehn Jahre alt, als ich mein Abitur absolviert hatte. Ich fühlte mich nach dieser Hürde angeschlagen und wollte ausruhen. Nach einem Monat habe ich mein Zeugnis vom Schuldirektor überreicht bekommen, der mir auch als einziger zu meiner Leistung gratulierte. Ich saß lange allein auf dem Schulgelände und hatte ein Zeugnis in der Hand, das für mich uninteressant geworden war. Niemand in der Familie hat sich die Mühe gegeben, überhaupt danach zu fragen.

Nach dem bestandenen Abitur hatte ich also genügend Zeit um nachzudenken. Wie sollte es weitergehen? – Studieren? Dafür bräuchte ich am Anfang finanzielle Unterstützung. Welche Verwandten oder Bekannten sollten es dieses Mal sein?

An der Aufnahmeprüfung für die Universität konnte ich in dem Jahr nicht mehr teilnehmen, da die Anmeldezeit parallel zur Abiturprüfung gelegen hatte, also musste ich ein Jahr auf die nächste Anmeldechance warten. Zum Militärdienst war ich noch zu jung. Das verbleibende Jahr konnte ich somit für eine gründliche Vorbereitung meiner Aufnahmeprüfung nutzen. Natürlich konnte man hierfür besondere Kurse und Schulen besuchen und damit seine Chancen verbessern, den gewünschten Studienplatz zu bekommen, aber mir fehlte wie immer dafür das nötige Geld. Die Armut verfolgte mich wie mein Schatten, und schien Gottes Wille zu sein.

Es war immer schon mein Wunsch gewesen, Medizin zu studieren, schließlich hatte ich mich schon als Kind im chirurgischen ‚Milieu' geübt, wenn ich Schnecken, Schlangen und Würmer im Reisfeld, wo meine Eltern arbeiteten, aufstöberte und sie in einem verborgenen Winkel aufschnitt, um zu sehen, wie ihr kleines, zuckendes Herz funktionierte. Ich hatte diesen innigsten Wunsch und wollte ihn in einem Beruf verwirklichen.

Für viele war mein Wunsch vermessen und manchmal schien es mir auch so. Ich hatte keine nährenden Wurzeln im Boden, wie sollte ich da wachsen? Manchmal schien mir alles unrealisierbar, und doch fühlte ich diesen Drang, der trotz aller Zweifel weit mehr als nur eine Sehnsucht war. Es war ein starker Antrieb, mich zu verwirklichen. Mir erging es wie dem kleinen schwarzen Fisch, der das weite, große Meer auch nur erreichte, weil er es wirklich wollte. Das Abitur hatte ich bestanden, weil ich darum gekämpft hatte. Während all der Schuljahre war ich ganz allein auf mich gestellt gewesen.

Für die Teilnahme an der Aufnahmeprüfung für die Universität hatte ich mich so intensiv vorbereitet, dass ich sie mühelos bestehen konnte und dadurch frei ein Studienfach wählen konnte: Medizin. Aber für ein Medizinstudium hätte ich in eine entfernte Stadt ziehen müssen, denn an der Uni Teheran konnten nur die Allerbesten des Landes Medizin studieren. Und das war wieder einmal nicht möglich, da ich woanders keine Unterkunft finanzieren konnte. Entweder musste ich also das Studium lassen oder an der Universität Teheran studieren, da dort mein Bruder Rezwan lebte und arbeitete und ich bei ihm wohnen könnte. Auch er hatte inzwischen sein Abitur nachgeholt.

Aufgrund dieser Abhängigkeit konnte ich mich dann nur noch zwischen einem Pädagogikstudium an der Universität Teheran und dem Militärdienst entscheiden. „Du musst bedenken, mit deiner schwächlichen Konstitution würdest du als Soldat ein viel zu schweres Leben haben“, sagte Rezwan. Auch das noch! Es war für mich eine schwere Entscheidung. Ich verfluchte die ganze Welt, besonders meine Eltern. „Oh, mein Gott, wenn es mein Schicksal ist, arm zu sein, warum hast DU mir dann diesen starken Willen gegeben? Wie lange noch willst DU mit deiner Labormaus experimentieren? Wann wirst Du mit deinem Versuch fertig? Was willst DU damit bloß erreichen, wenn DU doch alles weißt?“

Man schafft doch etwas, um damit etwas zu erreichen. Was aber soll es bedeuten, etwas ohne ein Ziel zu schaffen? Hat das Leben etwa den Sinn eines Versuchs, um zu sehen, wie weit die Labormaus läuft? Wenn ich nun nach derartigen sackgassenartigen Erlebnissen ein Verbrecher geworden wäre, wie müsste man meine

Verbrechen bewerten? Sollte man einen bestrafen, der unter anderen Voraussetzungen auf der Seite der Helfenden gewesen wäre? Wer ist dafür verantwortlich? Kann man ein abgestürztes Flugzeug bestrafen, oder muss der Mensch sich selbst bestrafen, weil er ein mangelhaftes Flugzeug produziert hat?

Nach der Abschaffung des Feudalsystems und der Verteilung des Ackerlandes von Großbesitzern wie meinem Onkel an Bauern in der Weißen Revolution, einer Sozialreform des Schahs, war mein Vater in den Besitz eines fruchtbaren Reisfeldes gekommen. Wieso konnte er mich jetzt nicht unterstützen?

Medizin an der Uni Teheran zu studieren, war also unmöglich. Dazu musste man besondere Kurse besuchen und sehr gut vorbereitet sein. Deswegen erachtete ich zunächst eine Teilnahme an der Aufnahmeprüfung für sinnlos. Doch mein ältester Bruder und Rezwan wollten auch studieren, und so haben sie sich und mich für die Prüfungen angemeldet. Wir haben alle drei bestanden und durften studieren. Das war eine Sensation in unserem kleinen Dorf.

Ich durfte mich dann für die Fächer Pädagogik, Beratung und Orientierung (Psychologie für Schulkinder) einschreiben. Mit meiner Note aus der Aufnahmeprüfung hätte ich in anderen Städten zwar Medizin studieren können, aber dafür fehlte es ja an der nötigen finanziellen Unterstützung. In Teheran konnte ich bei meinem Bruder Rezwan wohnen. Ich habe zwar wiederholt versucht, unabhängig zu sein, aber war doch immer noch an die Plazenta gebunden. Wann würde ich endlich geboren werden?

An einem sehr heißen Sommertag fuhr ich nach Teheran zu meinem Bruder Rezwan. Man brauchte hier ständig etwas zu trinken. Ich wohnte mit meinem Bruder in dessen kleinem Zimmer, bis es der Hausbesitzer bemerkte und sogleich den Mietpreis erhöhte. Das Zusammenleben in dem engen Raum gestaltete sich allerdings ohne Probleme, da Rezwan nachts in einem Waisenhaus arbeitete, wo er mäßig zu tun hatte und auch schlafen konnte. Tagsüber gingen wir beide zur Universität.

Als Junge vom Land geriet ich in Teheran in für mich ganz ungewohnte Verhältnisse. Bei uns zu Hause in Kapourchal und auch in Bandaranzali galt noch die alte Tradition, den Gast zu ehren und ihm eine willkommene Aufnahme zu bieten. Außerdem konnten wir uns im Dorf mit kurzen Hosen und kurzärmeligem Hemd im Hausgang aufhalten, was nun hier auch nicht mehr möglich war. Schlimmer war jedoch, dass ich jedes Mal, bevor ich vom zweiten Stock zur Toilette im ersten hinabgehen wollte, Bescheid geben musste oder mich zu räuspern hatte, damit die Töchter dieser extrem religiösen Familie sich verhüllen konnten, was selbst damals in der Stadt noch unüblich war.

In meiner Studienzeit begegnete ich außerdem Studenten mit verschiedenen Weltanschauungen, angefangen mit Islamisten, die bei der Diskussion mit einer Studentin ihren Blick auf den Boden richteten, um nicht in das Gesicht des Mädchens blicken zu müssen, bis hin zu Studenten mit kommunistischem Gedankengut, die allerdings mit dem Mercedes zur Uni kamen.

Für mich war es wichtig, mein Studium so schnell

wie möglich zu beenden, um dann das zu tun, was ich eigentlich vorhatte, nämlich unabhängig zu sein und endlich Medizin zu studieren. Nach dem dritten Semester bekam ich Studiengeld und Wohngeld. Ich durfte auch ab und zu im Waisenhaus, wo mein Bruder arbeitete, unterrichten, was mir nun ermöglichte, mein Leben selbstständig zu organisieren. Meine Lage war sehr komfortabel, denn mit dem Studiengeld und dem Lohn für die Arbeit im Waisenhaus lief das Leben problemlos, und jetzt konnte ich sogar meine Schwester unterstützen. Während der Studienzeit konnte ich nur selten nach Hause fahren, um meiner Familie bei der Arbeit zu helfen, aber trotzdem versuchte ich zur Erntezeit dort zu sein, um im Reisfeld mitzuarbeiten.

Da ich so schnell wie möglich mein Studium beenden wollte, besuchte ich im Sommer 1976 einen Zusatzkurs. Das war in der Erntezeit, und in diesem Sommer starb mein Vater, als er von der Arbeit auf dem Reisfeld nach Hause ging. Ich habe meinen Vater geliebt, aber nach seinem Tod habe ich ihn nicht vermisst als Vorbild oder als eine Person, die mit mir über meine Probleme redete und bei der ich Rat holen konnte. Schon zwei Tage nach seinem Tod bin ich wieder zur Uni gegangen. War ich herzlos? War mir mein Ziel so wichtig? War ich noch ein Kind?

Da jetzt meine Schwester bei mir wohnte, war meine Mutter alleine, und deshalb fuhren wir jedes Wochenende zu ihr nach Hause. 1977 habe ich mein Lizenziat erhalten. Endlich war mein Studium abgeschlossen.

Jetzt kam nur noch die Zeit des Militärdienstes, danach war der Weg frei. Dass ich im meinem Leben so weit kommen konnte, verdanke ich dem Schah-Regime.

MILITÄRDIENST ALS ‚LEHRERSOLDAT' IN UNRUHIGEN ZEITEN

Hunger und Liebe sind die Triebkräfte aller menschlichen Handlungen.

Anatole France

Die bequemste aller Theorien ist: Menschen zu töten, statt zu erziehen.

Heinrich Leuthold

Zwei Jahre lang musste ich den Dienst ableisten, die ersten vier Monate verbrachten wir zur Grundausbildung in der Kaserne. Der Umgang mit der Waffe wurde bald zur Routine. Manchmal machte mir der Dienst auch Spaß, vor allem weil ich keine Prüfungen und keinen Stress mehr zu bewältigen hatte. Hier habe ich zufällig einen Freund meines Bruders getroffen, der im SAWAK war. Er sorgte dafür, dass ich in der Küche arbeiten konnte, weil dort alles einfacher war.

Ich wurde also in die Küche abkommandiert, wo mir auch die Schlüssel zu den Lebensmittelschränken der Kompanie anvertraut wurden. Einen Tag später waren die Schränke nahezu leer, als ich mich dort umsehen wollte. Stunden später kamen die Soldaten, deren Aufgabe es war in der Küche zu arbeiten. Wir stellten uns gegenseitig vor und ich berichtete ihnen von den leeren Schränken, für die ich verantwortlich war. Es dauerte nur wenige Minuten, und diese Soldaten hatten die Schränke wieder mit Lebensmitteln aufgefüllt. Solche Situationen waren für sie wahrscheinlich normal. Der Vorrat war wieder aufgefüllt, kein Soldat wollte etwas davon wissen, wie sie vorher geleert werden konnten. Ich spürte, dass ich dankbar sein musste und in Zukunft lieber den Mund halten sollte. Bald fand ich heraus, dass die Leutnants Nahrungsmittel in großen Mengen mit nach Hause nahmen und die besten Stücke des Vorrats für sich selbst behielten. Ich empfand das als Unrecht. Das Essen gehörte doch den Soldaten, die sich nicht wehren konnten.

Wir haben in unserer Studienzeit immer darüber diskutiert, dass wir die Welt in Ordnung bringen müssten und das auch könnten, aber wir wussten damals nicht, wie verdorben die Welt ist. Ich wusste damals nicht, dass der Machiavellismus immer noch die Welt beherrscht. In dieser Überzeugung wechselte ich die Schlösser zu den Schränken aus und war fortan gewiss der einzige mit Schlüssel.

Meine Maßnahme wurde mir leider nicht gedankt, und ich bekam 24 Stunden Arrest. Ich erklärte, weshalb ich neue Schlüssel besorgt hätte, aber niemand interessierte sich für so etwas, und ich bekam einen weiteren Arrest für zwei Tage Dies wiederholte sich, bis der Freund meines Bruders kam. „Halt dich raus, hier ist Militär und nicht Uni, mit den Mächtigen kannst du dich nicht anlegen, sie richten dich zugrunde.", sagte er. Ich antwortete, dies hatte ich ja nicht für mich getan, sondern für die einfachen Soldaten. „Das Problem sind auch diese einfachen Soldaten", entgegnete er, „sie werden dich verraten, um einen Tag frei zu bekommen. Riskiere nicht deinen Kopf, sie brauchen keinen Helden. Lerne deinen Kopf in die Erde zu stecken, bevor deine Leiche unter die Erde gesteckt wird." Ab diesem Zeitpunkt zog ich es vor, ebenfalls stillzuschweigen, um selbst keinen Schaden zu nehmen.

Nach dem Ende der viermonatigen Grundausbildung entschied eine individuelle Prüfung über den Ort, an dem der weitere Militärdienst abzuleisten war. Da ich ein Lizenziat hatte, wurde ich als Offizier der Sepah-e-Danesch in Haschtpar stationiert, 40 km von meinem Dorf entfernt. Wir waren dort drei Offiziere und verantwortlich für verschiedene Regionen von Haschtpar bis Astara. Das war ein großes Gebiet. Ich hatte die Verantwortung von Haschtpar bis Aghewlar. Ein Teil davon lag in den Bergen. Meine Aufgabe war es, die umliegenden Dörfer im Gebirge Sepah-e-Danesch zu kontrollieren und zu unterstützen.

Mit 23 Jahren war ich für den Offiziersrang eigentlich noch zu jung, zudem sah ich durch meine schwache Konstitution noch jünger aus. Nur wegen meines abgeschlossenen Studiums hatte ich diese bevorzugte Stellung erhalten. Da dies mir unpassend, fast peinlich erschien, zog ich immer meine Jacke über die Sterne des Schulterabzeichens. Mir standen ein Büro und ein Auto mit Fahrer zur Verfügung, allerdings konnte man das Auto nur für den kurzen Weg zur Stadt benutzen. Der entsprach etwa 20% der gesamten Strecke. Das restliche Gebiet war nur zu Fuß zu bewältigen. Besonders jene Region, die ich gewählt hatte, lag ausschließlich im Gebirge, wo es nur alle fünf bis sechs Kilometer ein Dorf und einen Sepah-e-Danesch gab.

Die Schulen dort waren meist mit Hilfe der Einwohner erbaut worden und bestanden nur aus zwei bis drei kleinen Zimmern, in denen die Kinder aller Schuljahre zusammensaßen und neben denen der Sepah-e-Danesch in einem kleinen Raum schlief. Meine Arbeit begann normalerweise um acht Uhr morgens, aber das kontrollierte niemand, weil es auch Zeiten gab, in denen ich zwei bis drei Tage zu Fuß unterwegs sein musste. In Wirklichkeit gab es keine richtige Arbeitszeit. Ich zog morgens zu Fuß los und kehrte gegen Abend wieder zurück. Das machte mir wirklich Spaß und war auch interessant, da ich auf einmal ein Mensch war, der etwas bedeutete, obwohl es auch manchmal peinlich für mich war, wenn ich zum Beispiel aus irgendeinem Grund zur Dorfgendarmerie gehen musste und die dort Beschäftigten, oftmals über 50-jährigen Unteroffiziere, vor mir aufstehen mussten, um mich militärisch zu begrüßen.

Das Wandern zwischen den Gebirgen bis zu diesen Dorflehrern empfand ich bald als Sport, und es bereitete mir Freude. Allmählich begannen die Leute mich zu kennen, und manche grüßten nicht nur, sondern luden mich auch zu einem Tee oder zum Essen zu sich nach Hause ein, um näher mit mir bekannt zu werden. Diese freundliche Aufnahme gab mir ein Gefühl von Sicherheit, denn falls mir unterwegs etwas zustoßen sollte, hätten sie es schnell bemerkt und mich auf meiner Runde vermisst und nach mir gesucht.

In manchen Dörfern allerdings war das Verhältnis zwischen den Bewohnern und den Lehrern angespannt und feindselig. Denn es gab auch Lehrer, die die Dorfbewohner ausnutzten, oder Dorfbewohner, die sich gegen die Schule wehrten und ihre Kinder, wie es die Tradition war, lieber zum Schafe hüten schickten. Die Zahl der Schüler war immer abhängig von den Jahreszeiten. Im Frühling waren es wenige, da die Kinder zu Hause mithelfen mussten.

Obwohl die Wege sehr lang und steil waren, war ich andauernd unterwegs. Das war natürlich für die Dorflehrer weniger angenehm, denn ich hatte ja die Aufgabe ihre Arbeit zu überwachen. Doch habe ich sie niemals bestraft, auch nicht, wenn sie mal ein paar Tage gar nicht im Dorf waren. Ich ging hin, weil ich gerne unter den kleinen Kindern war und wollte, dass etwas für sie getan wird. Ich fragte mich immer, ob es auch unter ihnen einen ‚schwarzen Fisch' gab? Wenn ja, dann musste geholfen werden. Aber wie? Wenn die Kinder das fünfte Schuljahr beendet haben würden, was passierte dann mit ihnen? Wenn ich da an meine Schulzeit und die kalten Tage dachte, ja, dann würde dieser kleine Fisch noch eine lange Strecke vor sich haben. Ich hatte das Glück gehabt, nur zwanzig Kilometer entfernt von der Stadt zu wohnen und diese auch mit Verkehrsmitteln erreichen zu können. Aber wie wollten diese Schüler in die Stadt kommen, die von ihrem Dorf aus nur zu Fuß erreichbar war?

Sehr oft traf ich unterwegs auf kranke Kinder, die die Stadt niemals erreichen würden. Aus welchem Grund mussten sie auf ihrem Weg sterben? Mussten sie sterben, weil sie arm waren? Ich stand hilflos daneben. Wie konnte ich diesen Menschen helfen, denen, die für mich immer da waren, wenn ich Hilfe brauchte? Was dachten sie, wenn sie ihre Kinder sterben sahen? Sollte das Gottes Wille sein? Ja, ich wollte unter den kleinen Kindern sein, unter den Ärmsten, und ich konnte sie gut verstehen mit ihren Spielen, ihrem Verhalten und ihren Geheimnissen. Ich wollte einfach in den gottverlassenen Dörfern zwischen den von Gott vergessenen Kindern sein, da ich auch eines von ihnen war.

Während meiner Militärzeit begann allmählich der Widerstand gegen das Regime des Schahs zu wachsen. An allen Ecken gab es Brandstiftungen und Morde. Zu dieser Zeit lebte meine Mutter zusammen mit meiner Schwester, die inzwischen auch als Lehrerin in einem Dorf nahe Kapourchal unterrichtete. Sie gebot mir, abends im Haus zu bleiben. Als ich antwortete, mir werde nichts passieren, da ich kein Berufsoffizier sei, entgegnete sie: „Woher sollen sie das wissen?“ Sicher, nach unserem errungenen Erfolg im Leben gab es auch etwas Neid gegen uns, und dieser Neid hat später unser Leben ruiniert. Deswegen versuchte ich von diesem Zeitpunkt an, nicht mehr alleine in die weit entlegenen Dörfer zu gehen.

Im Sommer und Frühling waren diese Wanderungen und Kontrollgänge sehr schön gewesen, aber im Winter war es wegen der Kälte sehr schwierig. Die Wege wurden durch Schnee unpassierbar und die kleinen Brücken waren meist überschwemmt. In so einem Winter, der sehr kalt war und in dem es ununterbrochen schneite, sind mein Freund, ein Offizier, der neu bei uns angefangen hatte, und ich morgens früh, wie gewohnt ohne Frühstück aufgebrochen, da wir immer unterwegs irgendwo etwas zum Essen bekommen hatten. Wir kamen gegen Mittag im ersten Dorf an. Da der Dorflehrer nicht da war, wollten wir zum nächsten Dorf weiter. Aber es lag so viel Schnee, dass wir kaum vorankamen. Gegen sechs Uhr abends gelangten wir endlich ins nächste Dorf, es war schon dunkel. Hier war auch kein Lehrer. „Wo sind die Lehrer?“, fragten wir einen Schüler. Die seien alle weg nach Aghewlar in das am weitesten entfernte Dorf in diesem Gebiet. Sie hätten Angst gehabt, allein im Schnee zu sein, und deshalb seien sie dort alle zusammengekommen. Außerdem wolle und könne hier sowieso niemand zur Schule kommen, erklärte der Schüler.

Was konnten wir machen? Weitergehen war

unmöglich, bis Aghewlar brauchte man von dort noch einen Tag. Bisher konnten wir immer von den Dorfbewohnern etwas zu essen bekommen, sie hatten uns sogar gerne etwas geschenkt. Aber wir wussten nicht, wie lange es schneien würde, ob wir von ihnen etwas verlangen durften, was sie selbst dringend brauchten. Es war für sie nicht einfach im Winter und zu Beginn der iranischen islamischen Revolution Nahrungsmittel zu besorgen. An Wasser mangelte es nicht, wir konnten Tee kochen, aber was dann? Wir machten ein Feuer und plötzlich sagte mein Freund: „Giereh-e-Ghazaii". Ja, natürlich, das konnte man in jeder Schule finden. Was das war?

Der Schah hatte nach der Weißen Revolution angeordnet, dass die Kinder bis zum sechsten Schuljahr jeden Tag gegen zehn Uhr in der Schule umsonst etwas zum Essen bekommen sollten. Die Kinder in der Stadt bekamen Milch und Kuchen und die Kinder in den Dörfern Pistazien, Rosinen und Nüsse. Wir haben dann auch Giereh-e-ghazaii gefunden und so konnten wir noch etwas Nahrhaftes essen. Was wollten wir mehr, wir hatten doch alles, warum eine Revolution? Wir rannten auf gut Glück, das Glück rannte uns aber hinterher, und wir waren zu dumm und zu blind, das zu sehen und zu verstehen.

Der Schah hatte zumindest versucht, uns das Nötigste zu geben. Natürlich hat er auch Fehler gemacht. Aber wenn es zum Beispiel beim Verteilen von Giereh-e-Ghazaii Korruption gab und die Schüler deshalb kein Essen bekamen, oder wenn der Schularzt, der die Schüler untersuchen musste, niemals in der

Schule war, oder falls doch, dann nur, um eine Tasse Tee zu trinken, daran trägt der Schah keine Schuld.

Sein Fehler war, wie er später im Exil rückblickend schrieb:

> *„Ohne Zweifel, mein Hauptfehler war, dass ich ein altes Volk im Eilschritt der Unabhängigkeit und dem Wohlstand, der Kultur und dem Komfort zuführen wollte, kurz: der modernen Zivilisation. Ich wollte, solange wir noch über Erdöl verfügten, Iran aufbauen, um ihm auch nach dem Versiegen der Ölquellen einen gehobenen Lebensstandard zu garantieren. Das war mein Ziel, und ich musste mich beeilen, denn mir blieb nur wenig Zeit. Unbestreitbar hat die Erdöl-Lobby auf meinen Untergang hingearbeitet. Diese Lobby (die Erdölgesellschaften) haben es nicht verkraftet, dass sie sich von mir die Politik des angemessenen Rohölpreises diktieren lassen musste. Überdies weigerten sie sich, die mit der Neuverteilung der Reichtümer auf Industrie und Entwicklungsländer zwangsläufig verbundenen Opfer auf sich zu nehmen. Die Erdölgesellschaften waren und sind die entschlossensten Gegner einer Entente von Nord und Süd. Aus diesem Grund wählten sie auch Iran zum Sündenbock"*

1979 schrieb er während seiner Odyssee in Mexiko:

> *„Neun Monate sind vergangen, seit ich Iran verlassen habe, jeden Tag waren Nachrichten über Morde, Blutvergießen und Massenhinrichtungen eingetroffen und kein Wort des Protestes von Seiten der amerikanischen Menschenrechtler, die zu allem bereit waren, als es darum ging, mein „tyrannisches" Regime anzuprangern. Es ist*

eine recht betrübende Erfahrung, dass die Vereinigten Staaten und überhaupt die meisten westlichen Länder einen doppelten moralischen Maßstab für internationale Beziehung anlegen. |...| Jedoch frage ich mich, ob es jemals ein anderes Ziel in der Politik des Westens gegenüber dem Iran gegeben hatte als das, mich und unser Land zu vernichten. Die Hand der Briten hatte während des größten Teils dieses Jahrhunderts schwer auf dem Land gelastet. Das änderte sich auch nicht nach dem Einmarsch der Amerikaner. Der Westen hatte meine Regierung immer nur dann unterstützt, wenn er auch genügend Kontrolle über sie ausüben konnte. |...| Die internationalen Ölgesellschaften waren lange meine Gegner gewesen. Ihren Ärger rief ich von neuem hervor, als ich mit Enrico Mattei in Italien über einen Vertrag verhandelte. Er hatte die italienische Ölgesellschaft Ente Nationale Idrocarburi (ENI) zu einem größeren, unabhängigen Rivalen der internationalen Giganten entwickelt. Unser Vertrag bezog sich an und für sich nicht auf riesige Mengen, aber seine Bedingungen waren bedeutsam. Statt die Gewinne wie früher zur Hälfte auszuteilen, war Mattei bereit, lediglich 25% für sich zu nehmen, während Iran 75% bekam. Wenig später traf ich das gleiche Arrangement mit Standard Oil in Indiana, USA. Das Halbe-Halbe-Prinzip war durchbrochen. Das große Ölkartell verzieh mir das nie. 1959, zwei Jahre nach dem ENI-Vertrag, wurden die ersten Studentendemonstrationen gegen mich überall und in den USA und Europa in Szene gesetzt. Ich hatte schon damals den Verdacht, dass die Ölindustrie die Demonstrationen organisierte und finanzierte und dass die CIA bei ihrer Organisation ihre Hände mit im Spiel hatte. Ich weiß, das klingt wider-

sprüchlich. Denn diese beiden mächtigen Organisationen hatten auch meine Regierung unterstützt. Jetzt glaube ich, dass der Westen eine Front gegen mich organisierte, der er sich immer dann bedienen konnte, wenn meine Politik von der ihren abwich."

Mohammed Reza Pahlawi,
Die Antwort an die Geschichte

Nach der Entscheidung des Schahs, 1973 den Ölpreis anzuheben, wurde die Zerstörung einer ganzen Nation durch diese Länder und Organisationen geplant und durchgeführt. Die großen Ölkartelle hatten die iranische Revolution organisiert und über das Schicksal einer Nation entschieden.

Wir haben dann in der Schule übernachtet und zogen morgens früh wieder los. Es lag noch mehr Schnee als tags zuvor und das machte das Laufen schwer. Ununterbrochen sackten wir ein, und als wir in die Stadt kamen, war es spät und dunkel. Ob ich so spät noch nach Hause fahren konnte? Ich habe lange gewartet, bis schließlich der Minibus der Strecke Haschtpar – Bandaranzali vorbeikam. Beide, Fahrer und Beifahrer, waren mir bekannt, und auch sie erkannten mich schnell, da ein junger Offizier natürlich auffällt. Ich setzte mich hinter den Fahrer, um über dies und jenes zu reden. Das Gespräch kam bald auf die iranische islamische Revolution, doch ich hielt mich bei diesem Meinungsaustausch zurück, da ich mich in Uniform nicht einmischen wollte.

Als ich mich nach diesem politischen Gespräch zurücklehnte, bemerkte ich auf dem Sitz neben mir ein Mädchen. Als sie meinen Blick spürte, hob sie den Kopf und betrachtete mich ebenfalls, dann fragte sie, ob ich müde sei. Wir unterhielten uns über unsere Arbeit. Sie war Lehrerin und wollte nach einer Weile auch über die gegenwärtige Politik sprechen, aber ich erklärte ihr meine augenblickliche Befangenheit. Wir unterhielten uns dennoch angeregt über andere Themen, bis ich ausstieg und wir uns verabschiedeten.

In dieser Zeit dachte ich viel an mein geplantes Medizinstudium und versuchte so viel wie möglich von meinem Lohn dafür zu sparen. Ich war glücklich, denn auch während der Militärzeit konnte ich nebenher arbeiten. Aber jetzt nahm die Revolution ihren Lauf. Als erstes wurden alle Universitäten geschlossen. Ich ahnte, es würden dadurch noch härtere Bedingungen als zuvor auf mich zukommen. Wollte ich im Iran bleiben, sanken für mich die Chancen auf ein Medizinstudium weiter. Ich fasste also den Entschluss, meinen Wunsch für wichtiger einzuschätzen als die Umstände, die mich möglicherweise daran hindern könnten. Wenn er nicht im Iran umsetzbar sein sollte, dann würde ich mein Land verlassen müssen, um woanders eine Möglichkeit zu finden.

Wie alle Dorflehrer wurde ich früher als geplant aus den zwei Dienstjahren entlassen. So war es auch bei meiner Schwester. Auf einen Schlag wurden Tausende von Schulgebäuden geschlossen und all die in sie investierten Millionen zerrannen zu einem Nichts. Das war ein Verbrechen schlimmer als der Krieg, und das ist nur ein Beispiel für die Zerstörungen aus dieser Zeit. Da baut der eine in einem Jahr 2 500 Schulen, und der andere macht daraus in einer Nacht ein Ruinenfeld.

Um in dieses Geschehen mehr Klarheit zu bringen, sehe ich es als nötig an, etwas über die 2 500-Jahr-Feier der iranischen Monarchie zu schreiben und die Gründung dieser Schulen:
Die 2 500-Jahr-Feier der iranischen Monarchie vom zwölften bis zum sechzehnten Oktober 1971 bestand aus einer Reihe von Feierlichkeiten, um an das Todesjahr des Gründers des altpersischen Reiches, Kyros II., vor 2 500 Jahren zu erinnern. Ziel der Propagandaveranstaltung war es, durch Rückbeziehung auf den ersten ‚Schah' und die Geschichte des Iran sowie eine Leistungsschau den ‚Erfolg' des amtierenden ‚Schahs' Mohammed Reza Pahlewi und seines Vaters Reza Schah Pahlewi zu präsentieren und dessen internationales Ansehen und damit seine Legitimation als persischer Herrscher zu stärken.

Ansari, Mitglied der Planungskommission, wollte eine gewisse Nachhaltigkeit der Feierlichkeiten erreichen. Aus diesem Grund hatte er die Idee eines Sponsorenprogramms zum Bau von Grundschulen entwickelt. Das Bildungsministerium hatte Dörfer und Städte ausgewählt, in denen es einen Bedarf an Schulen gab, und über Radio, Fernsehen und Presse wurde bekanntgegeben, dass jeder zum Bau der Schulen durch Geld- und Sachspenden beitragen könne. Sollte jemand die gesamten Kosten für den Bau einer Schule übernehmen, sollte die Schule seinen Namen tragen. Das Programm war ein voller Erfolg. Statt der geplanten 2 500 Schulen waren bis zum Beginn der Feierlichkeiten 3 200 Schulen gebaut worden. Jeder Schule wurde ein Lehrer des im Rahmen der Weißen Revolution erstellten

Bildungskorps zugeteilt, damit der Unterricht umgehend beginnen konnte.

Diesem Erfolg hatte man jetzt ein Ende gesetzt. Vielleicht war das ja auch richtig so, die Kinder sollten auf die Schafe aufpassen. Meine Schwester gehörte in den Augen der neuen Herrscher auch zu diesen Verdammten aus reicher Familie. Sie trug nie Kopftuch und Schleier. Jetzt war sie eine Lehrerin ohne Arbeit und ohne einen Cent Unterstützung. Was konnte sie machen? Was? Mich mochten sie bestimmt ebenso wenig, denn bei mir kam noch hinzu, dass ich nach dem amerikanischen System ausgebildet worden war und als Kommunist galt. Was sollte ich nun machen? Sollte ich Schafe hüten? Das habe ich tatsächlich einmal versucht, aber Hokumat-e-Mostzafin, das ‚Regime, das für die armen Menschen zuständig ist', hatte mir auch das nicht erlaubt. Dafür war ich also auch nicht geeignet. Denn dafür musste man Analphabet sein.

Gegen Ende meines Militärdienstes beantragte ich also einen Pass.

Da ich ständig mit dem Gedanken an ein Medizinstudium beschäftigt war, hatte ich gar nicht mehr an die Begegnung mit der jungen Frau im Bus gedacht, bis ich einen Brief bekam, adressiert *„An den jungen Offizier."*

Sie hatte geschrieben: „Ein Mensch trifft in seinem Leben viele andere Menschen, manche nur ganz flüchtig, sodass sie füreinander keine Bedeutung haben, aber ein Zusammentreffen kann auch den Weg eines Menschen ändern! Vielleicht denken Sie nicht mehr an unser einmaliges Treffen, dennoch Telefon, Adresse".

Ich wusste, ich würde bald weggehen und dachte

an nichts, als ich die angegebene Nummer wählte, sondern war neugierig, was hinter dem Schreiben steckte. Ich rief an und war mit einer Schule verbunden, aber sie war nicht da, so erhielt ich eine andere Nummer. Noch einmal wählte ich und erreichte sie. Sie war erfreut, aber entschuldigte sich, dass sie nicht lange sprechen könne, da sie inzwischen in einer anderen Schule unterrichte. Aber sie hoffe, mich noch einmal im Bus wiederzusehen. Sie nannte mir die Zeiten, zu denen sie regelmäßig fuhr. Mir machte es keine Umstände, ich konnte meine Fahrzeiten frei wählen. Sie fuhr jeden Tag von Bandaranzali nach Haschtpar und so wartete ich auf sie in Kapourchal. Dann fuhren wir weiter nach Haschtpar, wo auch mein Büro und Arbeitsplatz war.

Zu jener Zeit besorgte ich mir bereits Informationen über ein mögliches Auslandsstudium. Reizvoll fand ich Indien, denn das Land hatte mich immer interessiert. Ein Freund von mir war als Marinesoldat dort stationiert und könnte mir helfen. Er hat für mich alles vorbereitet, ich sollte nur hinkommen, er könne mir auch beim Sprachkurs und bei der Studienplatzsuche behilflich sein. Nun aber, nach der iranischen islamischen Revolution, musste mein Freund leider wieder zurück in den Iran. In der Schah-Zeit vor der Revolution war eine Einreise nach Indien und ein Studium dort kein Problem. Jetzt brauchte man für die Einreise ein Visum, und man erhielt nur dann eine Zusage zum Studium, wenn 20 000 US-Dollar auf ein bestimmtes Konto überwiesen waren, damit die Behörden sicher sein konnten, dass man für das Studium genügend Geld zur Verfügung hatte.

Ich hatte zwar schon einiges Geld gespart und manchmal auch in Dehkadeh-Saheli oder im Sefid Kenar, einem Hotel am Kaspischen Meer, gearbeitet, aber so viel konnte ich beim besten Willen nicht aufbringen. Indien kam also für mich nicht in Frage. Ebenso war ein Studium in den USA undenkbar, wenn man dort niemanden kannte. Zudem waren die Beziehungen zwischen dem Iran und den USA nicht mehr besonders gut. Mein Cousin lebte als Arzt in der Bundesrepublik Deutschland, weshalb ich mich über die Studienmöglichkeit in diesem Lande informierte. Es wurde mir dann schnell klar, dass ich in Deutschland studieren würde.

Das war im Sommer 1978, am Anfang der iranischen Revolution. Ich genoss mein Leben, es waren schöne Zeiten. Jeden Tag war ich von morgens bis abends am Strand über einen Zeitraum von drei Monaten. Tagsüber ging ich schwimmen, Fußball spielen, Motorboot fahren, und nachts sangen und tanzten wir ums Feuer am Strand. Ich war frei. Dies war die beste und die letzte schöne Zeit in meinem Leben. Vielleicht war es eine kleine Belohnung von Gott, weil ich seine ersten Experimente durchgehalten hatte.

DEUTSCHLAND I: DER TRAUM VOM MEDIZINSTUDIUM

Unrecht ertragen ist vielleicht eine noch verwerflichere Eigenschaft als Unrecht zufügen.

Prentice Mulford

Als mein Entschluss feststand, erzählte ich meiner Mutter davon. Sie nahm die Nachricht ruhig auf und antwortete: „Was willst du eigentlich? Hast du bisher nicht alles erreicht, was du immer wolltest? Denkst du überhaupt daran, was dein Vater einst war und was du jetzt bist? Was willst du noch erreichen? Willst du in deinem ganzen Leben nur lernen? Wann willst du leben?" Ich konnte ihr meine Gedanken nicht verständlich machen. Mutter, du kannst mich nicht verstehen. Ich habe ein Ziel, das ist mit mir verwachsen und ich habe geschworen, dass ich mein Leben und auch das mir vorgeschriebene Schicksal ändern werde. Ja, Mutter, es ist nichts vorgeschrieben, wenn man es sich nicht selbst vorschreibt.

Heute denke ich, dass meine Mutter Recht hatte. Darf man, um ein Ziel zu erreichen alles opfern, ob man es erreichen kann oder nicht? Warum war ich nie zufrieden mit dem, was ich hatte, und in so einer Situation ließ ich auch noch meine Mutter allein? Warum war ich so besessen von meinem Ziel?

Ich kann nicht aufhören. Das habe ich mir versprochen, als ich mit zerrissenen Schuhen im Schnee hin und her lief, das habe ich den Kindern in Aghewlar versprochen, das habe ich den Eltern versprochen, die ihre kranken Kinder unterwegs vor meinen Augen verloren haben, und das habe ich mir versprochen, als ich meinen Vater beim Geldausleihen zittern sah, den Vater, der letztlich im Reisfeld starb. Ich muss weitermachen, denn ich will kein ‚kleiner schwarzer Fisch' mehr im Teich bleiben. Bis jetzt habe ich es geschafft, und ich werde es sicher weiter schaffen.

Die Mutter konnte mich nicht aufhalten und wollte das auch nicht. Was blieb ihr anderes übrig als zu sagen: „Gut wenn es sein muss, dann geh." Wozu wollte ich mich weiterentwickeln, wenn ich mit dem, was ich hatte, nichts anfangen konnte? Würde man meine besseren Kenntnisse nachher besser honorieren? Ich wusste, leicht besohlt gehen ist nicht einfach. Das habe ich in meiner Schulzeit bitter erfahren müssen, auch dass Leistung zu noch größerem Elend führen kann. Ohne Unterstützung sich weiterzuentwickeln, das wäre wie ein fallendes Blatt zu sein, dessen künftiger Weg schwer einzuschätzen ist. Doch Rezwan war auch zuversichtlich, dass ich es schaffen würde.

Einen Tag vor meinem Abflug rief ich das Mädchen an. Sie war inzwischen nicht mehr nur eine entfernte Bekannte, nein, wir empfanden gegenseitige Sympathie und waren schon öfter zusammen ausgegangen, ja, wir waren Freunde geworden. Als sie von meiner Abreise hörte, wollte sie mich bis Teheran begleiten und wollte wissen, wann ich wiederkommen würde. Aber ich war im Begriff, für einen neuen Anfang in Deutschland das Land zu verlassen. Konnte ich ihr irgendetwas versprechen? Sie verlangte, ich solle nach sechs Monaten zurückkommen. Sie nahm mir das Versprechen ab, ihr auf alle Fälle meine Adresse aus Deutschland zuzuschicken.

Ich blieb eine Nacht bei meinem Bruder Rezwan und flog nach F ab mit meinem Cousin, der ebenfalls vorhatte in Deutschland zu studieren. Nach der damaligen Gesetzeslage in der BRD reichte ein iranischer Pass, um eine Aufenthaltsgenehmigung zu bekommen. Wir hatten nichts also dabei außer einem Zettel, auf dem die Telefonnummer unseres in Deutschland lebenden Cousins stand. Aber ob dieser überhaupt zu Hause war, wussten wir nicht. Wir konnten kein Wort Deutsch, wussten gar nicht, wohin wir uns wenden sollten und wie wir vorwärts kommen konnten, aber wir waren unterwegs.

In F am Flughafen bekamen wir doch etwas Angst. Wir waren plötzlich in einem fremden Land, es war alles fremd. An einem Stand kauften wir eine Coca-Cola für etwa 2,50 DM und stellten fest, wenn alles so teuer wäre, würden wir mit der Summe von rund 10 000 DM hier nicht lange leben können.

Wir standen eine Weile verloren in der Halle des Flughafens und beobachteten die Leute. Da fiel mir unter den Wartenden eine Frau auf, die ich als Iranerin identifizierte. Auf diese gingen wir zu und sprachen sie in unserer Landessprache an und weihten sie kurz in unsere Situation ein. Da sie Deutsch sprechen konnte, baten wir sie, bei unserem Cousin für uns anzurufen. Sie erklärte sich dazu bereit, aber es meldete sich der Anrufbeantworter aus der Arztpraxis meines Cousins, der uns eine neue Telefonnummer mitteilte. Dort haben wir dann selbst angerufen und hatten Glück, der Cousin war zu Hause. Er konnte gar nicht glauben, dass wir wirklich aus F anriefen, und wies uns schließlich an, eine Fahrkarte nach S zu kaufen und ihm unsere Ankunftszeit mitzuteilen. Wieder spähten wir einen Iraner unter den Flugpassagieren aus, der uns freundlicherweise die Fahrscheine besorgte.

Als wir in S ankamen, erwartete uns der Cousin schon am Bahnhof. Wir hatten einander seit zehn

Jahren nicht mehr gesehen und nahmen uns gegenseitig nur deshalb wahr, weil wir ersichtlich Perser waren. Er fuhr uns zu sich nach Hause und bestand darauf, dass wir so lange bei ihm wohnen sollten, bis wir einen Studienplatz gefunden hätten. Wir wollten zwar lieber ein Zimmer mieten, aber er bestand auf familiäre Gastfreundschaft.

Seine Frau, eine Deutsche, organisierte für uns einen Deutschkurs am Goethe-Institut in I, wo wir dann auch ein Zimmer anmieteten. Der Sprachkurs ging von sieben Uhr bis sechszehn Uhr täglich und vermittelte fast nur Grammatikkenntnisse. Ich war dort vier Monate, ohne das Gefühl zu bekommen, etwas Nützliches gelernt zu haben. Trotzdem war der Lerndruck unmäßig. Zum Kursabschluss erhielt ich eine Erfolgsbescheinigung für die Grundstufe des Deutschkurses, aber in Wirklichkeit konnte ich mich nicht richtig ausdrücken oder verständlich machen.

Mit diesem Zertifikat bewarb ich mich an der medizinischen Fakultät und auf Anraten der Frau meines Cousins gleichzeitig für das Fach Chemie an der Universität S damit ich im Falle einer Absage in Medizin wenigstens einen anderen Studienplatz hätte, um dadurch eine Aufenthaltsverlängerung zu bekommen. Inzwischen hatte ich in S ein Zimmer gemietet, aber ich musste zwei bis drei Monate warten, bis der Bescheid von der Universität kam. Diese Zeit wollte ich nutzen, um mir einen größeren Wortschatz in der deutschen Sprache anzueignen. So erstellte ich mir für jeden Tag eine Liste mit etwa 100 Vokabeln. Meine Vermieterin, eine ältere Dame, die das Gespräch suchte, half mir gerne, mich richtig zu artikulieren, und ihr

Hausfreund, der gerne von seinen Kriegserfahrungen in Russland erzählte, war ein weiterer, mich fördernder Gesprächspartner. Fernsehen und Zeitungen blieben mir noch unverständlich, aber in der einfachen Konversation konnte ich mich immer besser bewegen.

Allerdings wurde langsam mein Geldvorrat immer knapper. Zwar hatte ich zweimal Geld von zu Hause geschickt bekommen, insgesamt 4 000 DM, aber es begannen trotzdem allmählich die Sorgen. Zu dieser Zeit habe ich den Studienplatz für Chemie in S zugesagt bekommen und damit meinen Aufenthalt verlängert. Da ich schon ein Lizenziat hatte, musste ich nicht das Studienkolleg zu besuchen wie die anderen Iraner, aber ich sollte Deutsch gut beherrschen ich musste das PNDS-Zertifikat vorlegen. So brauchte ich nur noch ein Semester lang den Deutschkurs an der Universität S zu besuchen. Von meinem Bruder bekam ich ständig Briefe, in denen er mir riet, unbedingt in Deutschland zu bleiben. Doch die Lage für Iraner in Deutschland wurde auch hier sehr schwierig. Iraner hatten in der amerikanischen Botschaft im Iran die Botschafter als Geiseln genommen. In solch einer Situation als junger, unerfahrener Iraner eine Arbeit in Deutschland zu finden, war nicht einfach.

Ich bewarb mich an anderen Universitäten für das Medizinstudium, erhielt aber leider nur Absagen. Daraufhin rief die Frau meines Cousins bei einigen Universitätsverwaltungen an und erkundigte sich nach den jeweiligen Chancen. Es könnte zwei bis drei Jahre dauern, stellte sich heraus. Deshalb überlegte ich, ob ich diese zwei bis drei Jahre einfach in Deutschland abwarten sollte. Wie sollte ich jedoch finanziell zurechtkommen? Ich hatte keine Arbeitserlaubnis, und niemand hatte mir von anderen Möglichkeiten erzählt. Ich überlegte, auf welchem Weg ich meinen Aufenthalt in Deutschland sichern könnte, aber es war ausgeschlossen, die deutsche Staatsbürgerschaft zu erhalten, denn allein eine Grundbedingung hierfür war ein zehnjähriger Aufenthalt in der BRD. Ein Asylgesuch kam nicht in Frage.

Aber ich hatte ja noch ein Versprechen einzulösen, nämlich noch einmal zurückzukehren in mein Land. Für mich stand fest, dass ich nicht auf unabsehbare Zeit von meinem Bruder oder anderen abhängig sein konnte, ich wollte meine Eigenständigkeit. In dieser kritischen Phase bekam ich einen langen Brief von dem Mädchen, die im Iran zurückgeblieben war. Wir hatten Briefkontakt, seit ich in Deutschland war, aber jetzt war schon längere Zeit keine Nachricht mehr von ihm gekommen, bis endlich dieser Brief ankam, der mich einen Monat vor dem Ende meines Deutschkurses erreichte. In diesem Brief lautete die versteckte Frage, was ich die vergangenen Monate denn hier getrieben hätte. Das Mädchen wünschte, ich solle zurückkommen. „Was ist das Leben“, fragte sie mich darin, „wie lange lebt ein Mensch und wie weit willst du gehen, in welchem Ausmaß darf ein Mensch egoistisch sein und nur an ein einziges Ziel denken und darüber alle anderen Seiten des Lebens vergessen? Was willst du vom Leben? Du hast ein Lizenziat, willst du denn noch einen weiteren Abschluss hinzugewinnen? Wofür tust du das? Mach weiter und hänge dir nachher deinen Doktortitel über das Bett, dann kannst du besser schlafen", schrieb das Mädchen.

Ich sollte also zurückkommen! War ich so auf mich bezogen, dass ich nur wegen eines wünschenswerten Ziels andere so tief verletzen konnte? Aber hatte ich nicht so viel und lange gekämpft, bis ich endlich dahin gekommen war, wo ich jetzt stand? Nun war ich in Deutschland, aber ohne Aussicht auf Arbeit und mit schwindenden Geldreserven. Allein die Aussicht, zu warten bis das Medizinstudium endlich begönne, dessen Finanzierung jedoch ganz und gar unsicher war, bereitete mir große Sorge. Wie es nun weitergehen sollte, konnte ich mir auch nicht vorstellen. Dann musste ich eben zurückgehen, aufgeben! Vielleicht konnte ich mich weiterhin für einen Medizinstudiengang in Deutschland bewerben und die angekündigte Wartezeit von maximal drei Jahren zu Hause im Iran verbringen, wo ich wieder in meinem Fach arbeiten können müsste. Wenn ich dann die Studienzusage bekommen würde, könnte ich wieder zurück.

„Vielleicht ist genau dies dein Schicksal, sei klug, gehe nicht mit dem Kopf durch die Wand!", sagte die Frau meines Cousins beim Abschied. Ja, das mag alles sein, aber ich muss genau dieses Schicksal ändern. Ich werde zeigen, dass es geht. Ich fuhr mit dem Zug in die Türkei und von dort weiter in den Iran. Allein die Rückkehr nach Iran war für mich persönlich eine große Niederlage, aber mit weiteren Debakeln in eigenem Land hatte ich nicht gerechnet.

Was ich in der Schah Zeit erreicht hatte, wurde ab da zunichte gemacht.

ARBEITSSUCHE UND VERSUCHE IN LANDWIRTSCHAFT

Um hunderttausend Mann auf Totschlag auszuschicken dafür habt ihr Geld genug. Nicht aber für zehntausend Hungrige?

Voltaire

Oft tut auch der Unrecht, der nichts tut. Wer das Unrecht nicht verbietet, wenn er kann, der befiehlt es!

Marc Aurel

Ich fuhr zu meinem Bruder nach Teheran. Von dort aus wollte ich mit dem Bus nach Kapourchal zu meiner Mutter fahren. Seit ich nach Deutschland gegangen war, hatte ich nichts mehr von ihr gehört. Ich wusste, dass sie mir nicht schreiben konnte und telefonisch war sie nur schwer erreichbar, es gab keine direkte Durchwahl.

Bei all meinen Nachfragen, wie es der Mutter denn gehe, bekam ich die Antwort, es gehe ihr gut. Ich blieb einige Tage bei meinem Bruder. Irgendwann merkte ich, dass etwas nicht stimmte. Schließlich eröffnete Rezwan ein Gespräch mit der Einleitung, ich wüsste ja, wie das Leben so spiele und dass unsere Mutter gestorben sei, und zwar schon drei Tage nach meiner Ankunft in Deutschland. Nach und nach wurde mir zugetragen, dass Mutter es nicht verkraftet habe, dass ihr Sohn sie verlassen habe. Dies widersprach der Realität jedoch schon deshalb, weil ich schließlich seit meinem siebzehnten Lebensjahr von zu Hause weg war.

Schon nach kurzer Zeit nahm meine Schwester mich beiseite und erzählte mir unter dem Siegel der Verschwiegenheit, dass Rezwan mit seiner Frau am Tag nach meiner Abreise zur Mutter gekommen sei, um einige Tage dort zu verbringen. Rezwans Frau hat bei dieser Gelegenheit Ansprüche auf das Haus geltend gemacht, da Rezwan der einzige der Söhne sei, der der Familie geholfen habe. Unser ältester Bruder Jusef habe nichts von der Familie wissen wollen und auch Anousch habe sie verlassen. Rezwans Frau hatte Mutter erklärt, dass dies ihr rechtlich zustehe. Nach der schlechten Erfahrung, die Mutter mit Jusefs Frau gemacht hatte, welche ihren Sohn vollkommen vereinnahmt und von seiner eigenen Familie entfremdet hatte, war sie nun überzeugt, dass Rezwans Frau freies Feld habe. Diese Vorstellung jedoch habe die Mutter zu Tode geängstigt. Oh, welch ein Mensch! Bisher hatte ich sie geehrt, nahezu wie meine Mutter, sie war die Frau meines geliebten Bruders, und zwischen ihm und mir ist es nie um Geld gegangen. Was wir besaßen, gehörte uns beiden oder, besser gesagt, der ganzen Familie. Unter anderen Umständen wären wir vielleicht sogar bereit gewesen, der Schwägerin Haus und Feld zu schenken. Jetzt vermied ich es aber, meinen Bruder hierauf anzusprechen, um nicht womöglich seine Ehe damit aufs Spiel zu setzen.

Die Rückkehr in mein Elternhaus entsetzte mich zunächst, der Hof war gänzlich verwildert, an einigen Stellen hatte sich der Putz von den Wänden gelöst. Innen war das Haus leergeräumt. Auf dem Speicher fand ich ein Bett, so richtete ich mich mit dem Nötigsten im Hause ein, ohne jemandem davon Bescheid zu geben. Tagsüber arbeitete ich im Hof, um die Ruine abzuräumen, und abends im Haus. Ich versuchte, das Haus richtig zu renovieren. Da traf ich eines Tages auch das Mädchen wieder. Sie erzählte mir, man könne als Pädagoge leicht eine Arbeit finden, ich müsste mich nur im Fache meiner Ausbildung bewerben. Das bedeutete in meinem Fall in schulischer Beratung und Orientierung, sodass ich bestenfalls als Schulkinder-Psychologe arbeiten könnte.

Ich verbrachte einen Monat lang mit Gartenarbeit, wovon allerdings keiner meiner Angehörigen etwas wusste und mir folglich auch niemand half. Währenddessen nahm ich an zwei Prüfungen für freie Stellen teil, wobei ich auch zusätzlich zu einer mündlichen Prüfung eingeladen wurde. Dabei wurde offenbar, dass ich acht Monate lang aus dem Iran weg gewesen war und das auch noch genau nach Beginn der Revolution. Das wirkte sich als äußerst nachteilig für mich aus.

Bevor ich weitererzähle, muss ich jetzt etwas über meine körperliche Konstitution sagen. Ich bin von Natur aus klein und dünn. Ich trage einen dicken Schnurrbart. Dieses Gottesgeschenk und mein Schnurrbart haben mir einige Probleme verursacht. Die ersten Fragen bei meiner mündlichen Prüfung waren, wieso ich bis jetzt noch keine Arbeit hätte und warum ich in keinen islamischen Organisationen tätig sei. Ich antwortete, dass ich mich doch gar nicht im Land befunden hätte. Man unterstellte, ein dicker Schnurrbart sei ein Beweis für meine kommunistische Überzeugung und meine schwache Konstitution ein Beweis dafür, dass ich drogenabhängig sei. Das war also der erste Eindruck der Prüfer von mir.

Da ich so lange aus dem Iran weg gewesen war, hatte ich von der in der Zwischenzeit stattgefundenen Revolution nicht viel mitbekommen, obwohl ich noch dort war, als Khomeini in den Iran zurückkehrte. Ich wusste nicht einmal, wer die Regierung bildete, es hat mich nicht interessiert. Deswegen war ich überrascht, als ich verdächtigt wurde, mit irgendeiner Organisation in Verbindung zu stehen. „Warum bist du nach Deutschland gefahren?", wurde ich gefragt. Ich antwortete: „Um zu studieren." Ich hätte aber schon studiert, wurde mir vorgeworfen. Ja, gab ich zurück, ich wollte aber Medizin studieren. Der Grund meiner Rückkehr sei gewesen, dass ich kein Geld mehr gehabt hätte.

Dies wurde mir nicht abgenommen. Man behauptete, meine Familie sei sehr reich, was aber nicht stimmte, denn meine Eltern waren nie wohlhabend, sie waren nur einfache Bauern. Der Unterstellung „Sie tragen einen buschigen Schnurrbart, glauben Sie an die kommunistische Ideologie?" folgten Fragen über den Koran. Ich sollte Verse und Erzählungen aus dem Koran benennen, die Gebete und die Bücher, die ich im Zusammenhang mit der Revolution gelesen hätte. Ich war richtig überrascht. Die Antworten, die man von mir über die islamische Ideologie erwartete, konnte ich nicht geben. „Warum fasten wir? Fasten Sie auch?" – „Ja, ich habe mein ganzes Leben lang gefastet." Die wahre Bedeutung dieses Satzes hatte der Prüfer nicht verstanden, er starrte mich nur an. „Wenn man tagsüber nicht beten kann, wie kann man das nachholen? Wie wäscht man sich, wenn man mit einem Toten in Berührung kommt?"
Mit derartigen Fragen hatte ich mich nie beschäftigt. Ich erhielt dementsprechend eine Absage.

Für spätere Gespräche dieser Art wusste ich jetzt, wie ich reagieren musste, und konnte weniger sprachlos einer Befragung standhalten. Aber selbst wenn ich diese dämlichen Fragen richtig beantwortet hätte, wäre mir eine Absage ebenso gewiss gewesen. Meine Akte sagte nämlich unmissverständlich, dass ich mich zu Beginn der Revolution im Ausland aufgehalten habe. Offensichtlich wurde ich demzufolge mit jenen identifiziert, die Anhänger des Schahs und deshalb geflohen waren. Und wenn das nicht der Fall gewesen wäre, so hätte ja gereicht zu behaupten, ich stammte aus einer reichen Familie, und Reiche haben beim Hokumat-e-Mostazafin nichts zu suchen.

In dieser Zeit, am zwölften März 1979 wurde einer der weltbesten Piloten, der IIAF Golden Crown Pilot, Leutnant General Nader Jahanbani, wegen seiner Treue zur Monarchie hingerichtet. Sogar die U.S. Air Force beneidete Iran um diesen Mann, seine Flugkünste mit der F-14 Tomcat waren legendär. Seine Verteidigung dauerte genau zwei Minuten. Jahanbani hatte eine russische Mutter, das war Verbrechen genug.

In einer meiner andauernden Überprüfungen riss mich der Geduldsfaden. Ich sagte, dass mir klar sei, dass ich eine Absage bekommen würde. Was also sollte ich tun? Wie sollte ich mich ‚bessern'? Welche Bücher müsse ich lesen? „Das können Sie nicht. Ihr Gesicht sagt etwas anderes. Sie sind ein Kommunist." – „Wenn Sie den Schnurrbart meinen, den trage ich immer so." – „Reden Sie sich nicht heraus, Bruder(!), der Schnurrbart ist zu lang, es sind nicht beide Lippen sichtbar!" Mir war das Gespräch kaum begreiflich, ich bat vergeblich um eine Chance, so wie es auch im Koran steht:

> *„Und wenn einer der Götzendiener bei dir Schutz sucht, dann gewähre ihm Schutz, bis er Allahs Wort vernehmen kann; hierauf lasse ihn die Städte seiner Sicherheit erreichen. Dies, weil sie ein unwissendes Volk sind."*
>
> *Der Koran AL-Tauba 6*

Ich ahnte es bereits vorher, aber jetzt war ich sicher, dass die Prüfer ihrerseits vom Koran keine Ahnung hatten, sonst hätten sie mit diesen Versen geantwortet:

> *„Oh, die ihr glaubt, kämpfet wider jene der Ungläubigen, die euch benachbart sind, und lasst sie in euch Härte finden; und wisst, dass Allah mit den Gottesfürchtigen ist."*
>
> *Der Koran Al-Tauba 123*

Es war offensichtlich, solange ich mich nicht in dieser Ideologie schulen lassen würde, hätte ich keine Aussicht auf Arbeit. Ich begann also den Koran zu lesen oder vielmehr die Bücher von Motahari, die persische Übersetzung des Korans mit Erläuterungen zu jeder Sure. Ich lieh mir die Bücher aus, die meine Freunde mir genannt hatten. Schnell wurde mir die Aussichtslosigkeit dieses Unternehmens klar. Die darin verfolgten Spielregel konnte ich einfach nicht nachvollziehen.

Doch ich musste Arbeit finden. Ich hatte kaum noch Geld, und wenn ich nicht bald etwas verdiente, würde ich auch den Verfall des elterlichen Hauses nicht aufhalten können. Bei der letzten Prüfung schließlich wurde es mir gar nicht mehr verheimlicht, dass die Fragen nur pro forma gestellt würden, da mir die Absage schon gewiss sei von dem Moment an, wo sie mich sahen.

Nach einiger Zeit des Selbststudiums bewarb ich mich wieder um eine Stelle. Auf die entscheidende Frage nach dem Beten, der Waschung davor et cetera konnte ich wieder nicht befriedigend antworten. Mir war klar, dass der Prüfer seine Antworten auswendig gelernt hatte. Auf die Frage, ob meine Eltern denn richtige Gläubige seien, antwortete ich: „Ja, leider."

– „Wieso leider?“ – „Weil sie mir beigebracht haben, ehrlich zu sein, aber nicht, wie man überleben kann.“ Es war klar, dass sie nicht viel vom Islam verstanden, obwohl sie sich einen Bart hatten wachsen lassen und ein paar Verse gelernt hatten, allein um eine Stelle zu bekommen. Ich fragte sie, warum man in Richtung Kaaba beten müsse, obwohl die Erde rund ist und man ja aus jeder Richtung auf die Kaaba treffen müsse? Ob sie je Vers 115 von Al-Bakra gehört hätten?

> *„Allah ist der Osten und der Westen; wohin immer ihr also euch wendet, dort, ist Allahs Angesicht. Wahrlich, Allah ist freigebig und allwissend.“*
>
> *Der Koran Al-Bakra 115*

Müsse man im Ramadan von Sonnenaufgang bis Sonnenuntergang fasten? Wie sei es dann aber mit den Menschen am Pol? Die müssten dem entsprechend schon lange tot sein. Und ob sie das auch gehört haben:

> *„Es soll kein Zwang sein im Glauben.“*
>
> *Der Koran Al-Bakra 256*

Ich ahnte schon, dass diese Prüfer die wahre Bedeutung dieser Verse nicht kannten, aber bald war ich ganz sicher. Fasten bedeutete für sie in einem bestimmten Zeitraum vom Sonnenaufgang bis Sonnenuntergang nicht zu essen und zu trinken. Für mich bedeutete es aber, rein und ehrlich zu sein von der Geburt, also dem Sonnenaufgang, bis zum Tod, dem Sonnenuntergang.

Und beten bedeutete für sie fünfmal am Tag bestimmte Verse aus dem Koran zu lesen, und für mich bedeutete es nicht lügen, nicht betrügen, kein Verbrechen begehen.

Ich konnte dieses Spiel nicht länger ernst nehmen. Warum fragte mich denn keiner, was ich während meines Studiums gelernt hatte, was meine Arbeit betrifft? Ich sollte schließlich nicht den Koran an den Schulen unterrichten, dafür gab es ja schon genug Ajatollahs, die schon lange auf diesen Augenblick gewartet hatten. Ich konnte diese Leute nicht zufrieden stellen, und meine Chancen waren verspielt. In meinem erlernten Beruf konnte ich also keine Arbeit finden, ich war ein Kafer, aber ohne dass sie es mir überhaupt nachweisen konnten.

Hin und wieder arbeitete ich für einige Tage, dann wieder nicht, bis ich in Kapourchal einen der Lehrer traf, die ich während meiner Militärzeit kontrolliert hatte und dessen einziges Interesse damals die Frauen und das Trinken gewesen waren. Ich hoffte, er könne mir jetzt hilfreich sein. Nach der iranischen islamischen Revolution war er als Pasdar im Komitee tätig. Ich erzählte ihm, dass ich jedes Mal nach der ideologischen Prüfung eine Absage erhalten hätte und dass ich es mir nicht gelinge, eine Arbeit zu finden. Er versprach mir, Einblick in meine Akte zu nehmen und mir dann Bescheid zu geben. Einige Tage später trafen wir uns wieder und er sagte mir, wenn ich eine Arbeit finden wolle, so müsse ich weg von hier oder besser noch meinen Namen ändern.

„Wohin sollt ich fliehen?
Ich tat nichts Böses: doch jetzt denk ich dran,
Dies ist die irdische Welt, wo Böses tun
Oft löblich ist und Gutes tun zuweilen
Schädliche Torheit heißt."

William Shakespeare

„In deiner Akte stimmt etwas nicht, jemand hat etwas gefälscht." Mehr war aus ihm nicht herauszukriegen. Das war die einzige Information außer dem Namen dessen, der offensichtlich an der ganzen Sache schuld war. Das war mein ehemaliger Lehrer aus Kapourchal, der jetzt noch immer eine gute Stelle als Lehrer hatte, obwohl er noch nicht einmal Abitur hatte und damals beim SAWAK mitgearbeitet hatte. Aber Leute wie er waren jetzt die Gewinner.

Es war jetzt klar, dass ich die Arbeit als Schulkinderpsychologe vergessen konnte, besonders als ein vielleicht siebzehn Jahre alter Junge, namens Ali Salehi, aus einer Aussiedlerfamilie, die kürzlich in unserem Dorf gekommen war, zu mir kam und mich nach meinem Namen fragte. Er war damals im Komitee tätig. Ich nannte ihm meinen Namen, woraufhin er sich entschuldigte. „Es tut mir leid, ich habe Sie mit jemand anderem verwechselt. Die Behörden haben in einem Brief angefragt, ob Sie in die Moschee gehen. Ob Herr H sich an der Revolution beteiligt habe?" Er habe geantwortet, die Person nicht zu kennen, das Ganze sei schon über einen Monat her. Er versprach mir, sich bei meiner nächsten Prüfung für mich einzusetzen. Ich sagte ihm, dass er mich gar nicht kennen könne, da er noch nicht auf der Welt war, als ich Kapourchal verließ, und dass er im Grunde auch gar keine Schuld habe. Es sei nur so eine Sache, wenn Dreizehn- bis Siebzehnjährige über das Schicksal anderer Leute zu entscheiden hätten.

Was sollte dieses Gespräch mir sagen? Was sollte diese Entschuldigung? Wieso bot er mir seine Hilfe an? Mir wurde durch diese Begegnung klar, dass meine Akte eindeutig aussagte, dass ich ein Gegner der Revolution sei. Ich versuchte danach in Städten und Dörfern eine Arbeit zu finden, wo normalerweise niemand hin möchte, in Sistan, Blutschestan, in Kordestan oder in Aserbaidschan. Ich war noch nicht gebunden, und in meiner verzweifelten Lage war ich bereit, einiges in Kauf zu nehmen. Jedoch nirgendwo wurde ich genommen.

Da kam mir die Idee, zu Hause etwas anzupflanzen. Wir hatten einen großen Hof, allerdings war der Boden des Hofes für Gartenbau nicht geeignet. Irgendwann hatte ich gelesen, die Israelis würden selbst in der Wüste Gartenbau betreiben, man müsse dazu nur die Erde austauschen. Also tauschte ich schubkarrenweise die Erde aus. Monatelang habe ich Erde vom nahen Reisfeld geholt, bis der Hof von der Größe eines Fußballfeldes stellenweise mit neuer Erde beschichtet war. Ich weiß nicht, was die Leute in Kapourchal über mich gedacht haben. Vielleicht dachten sie, ich sei verrückt geworden. Aber es war umgekehrt. Wenn ich das nicht getan hätte, wäre ich durchgedreht.

So pflanzte ich jetzt Melonen und erhielt eine gute Ernte. Zum Leben reichte der Erlös nicht aus, aber ich war schon zufrieden, eine Beschäftigung zu haben.

Mir war unbegreiflich, wieso mein Land, das so viel in meine Ausbildung investiert hatte, mich nicht anstellen wollte, obwohl ein klarer Bedarf für meinen Beruf da war. Offensichtlich brauchten sie keine Leute wie mich, die nach dem amerikanischen System und in der Schah-Zeit ausgebildet worden waren. Sie zogen Leute vor, die lediglich lesen und schreiben konnten, wenn nur deren Ideologie stimmte! Ich verfluchte meine Eltern. Wieso konnte ich nicht wie alle anderen einen Vollbart tragen und den ganzen Tag in der Moschee verbringen? Ja, Vater, du bist schuld, du hast von uns immer verlangt, ehrlich zu sein. Wer kauft mir jetzt diese Ware ab?

HÜHNERZUCHT MIT FISCHEN

Reicher, frage nicht den Armen,
Wie er arm geworden ist,
Willst du fragen, frag' dich selber,
Wie du reich geworden bist!

Wilhelm Müller

Anders sein und anders scheinen,
Anders reden, anders meinen,
Alles loben, alles tragen,
Allem Winde Segel geben,
Bös' und Guten dienstbar leben,
Alles tun und alles dichten,
Bloß auf eignen Nutzen richten,
Wer sich dessen kann befleißen,
Kann politisch heuer heißen.

Friedrich von Logau

Ich konnte es nicht mehr ertragen, die ganze Zeit nutzlos herumzusitzen.

„Wäre es der Sinn aller meiner Tage, Hügel zu ersteigen
Und dann sinnlos umher zu kreisen,
Wäre alles, was ich bin, nur Zeitvertreib:
Mein Leben wäre nur eine Jahreszeit."

Roger McGuinn

Und ich wollte es nicht zulassen, dass die Welt sich ohne mich dreht, sie musste mich mitnehmen! Das Rasten und das Warten auf nichts machten mich ungeduldig. Ich beschloss also, eine Beschäftigung zu finden, die mich auch richtig ernähren und erhalten konnte. Als ich mit einem Bekannten darüber sprach, fragte er mich ganz verwundert, warum ich denn nicht zur Freiwilligeneinsatz beim Dschihad-e-Sazandagi ginge? Die würden Leuten helfen, die ein gutes Projekt hätten. Allerdings müsse man zunächst sechs Monate kostenlos für sie arbeiten. Ich wollte mich darauf einlassen, schließlich hatte ich nichts zu verlieren. Ich fand auch jemanden, der mich dort empfahl. Sie suchten damals Arbeitskräfte für die Hühnerzucht und nahmen mich. So lernte ich viel über Stallbau und hühnerspezifische Ernährung et cetera

Bald lernte ich auch die Leute kennen, die die Zucht leiteten, und mit der Zeit entstand ein gegenseitiges Vertrauen, das es möglich machte, offen zu sprechen. Obwohl sie den langen Vollbart trugen, hatten sie doch eine andere Gesinnung. Obwohl sie auf der Straße bei den Revolutionsdemonstranten mitmachten und für den Krieg bis zum Sieg demonstrierten, sprachen wir doch im Privaten kritisch darüber. Diese Spannung war fast unerträglich, denn alle hatten Angst voreinander, alle gaben sich auf der Straße anders als in den Gesprächen untereinander. Ich merkte bald die Heuchelei und den Opportunismus, auch innerhalb des Dschihad in Bandaranzali.

Ich arbeitete hier etwa zwei Monate, aber ich konnte die Anspannung wirklich kaum ertragen und beschloss deshalb, wieder auszusteigen. Einer der Ingenieure, mit dem ich den größten Teil meiner Zeit dort verbracht hatte und der davon gehört hatte, sprach mich direkt darauf an: „Bleib hier!" Doch ich erklärte ihm, ich könne nicht länger mitansehen, wie die Leute sich verstellten, obwohl sie im Inneren etwas anderes fühlten, sie vergewaltigten sich selbst mit diesem Verhalten. Ich selbst könnte mich nicht derart verhalten und wollte diese Art von Versteckspiel einfach nicht mitmachen. Der Ingenieur zeigte sich verständnisvoll, versuchte mich zu überreden, doch noch zu bleiben, indem er mir ein selbständiges Projekt im Dschihad anbot. Notwendig sei nur ein Kredit, von dem die Hälfte für mich sein sollte, die andere Hälfte solle inoffiziell der fortlaufenden Unterstützung des Projektes dienen. Ich musste ablehnen, weil ich kein so hohes Risiko eingehen wollte. Er ließ mich jedoch nicht so ohne weiteres ziehen, sondern besuchte mich sogar zweimal in Kapourchal und prophezeite mir den Wandel meines jetzigen Lebens durch dieses Projekt. Ich überlegte erneut, ob ich das Geld aufnehmen und für mich nutzen sollte, aber das Geld gehörte ja gar nicht mir. Betrügen und Ausbeuten muss gelernt sein.

Ich versuchte jetzt, für mich allein Hühner zu züchten, wollte aber nichts überstürzen. Zuerst besprach ich mit den Leuten vom Dschihad, dass sie mir später Futter verkaufen sollten. Denn bei ihnen war alles billiger als auf dem Schwarzmarkt. Aufgrund der Erfahrung, die ich bei der Arbeit im Dschihad gewonnen hatte, plante ich zuerst 500 bis 600 Hühner zu halten. Ich kaufte mir sogar ein paar Fachbücher zum Selbststudium.

Wir hatten ein kleines Stück Wald von unseren Großeltern geerbt und verkauften das Holz und verpachteten auch unser Reisfeld. Ich bekam davon meinen Anteil, und auch mein älterer Bruder Rezwan fügte noch etwas zu meinem Startkapital dazu. So begann ich, im Hof den Stall zu bauen. Ich hatte vor, Fleischhühner zu züchten, die man im Alter von zwölf Wochen verkaufen könnte. Dazu brauchte ich allerdings eine Bescheinigung, und die musste man sich kaufen, was mir nicht möglich war. Da kam mir die Idee, normale farbige Hühner zu züchten. Denn dafür brauchte man keine Bescheinigung. Sie brauchten viel weniger Futter, allerdings dauerte es auch mindestens sechs Monate, bis man sie verkaufen konnte. Mir blieb aber gar nichts anderes übrig, da mir der Dschihad versprochen hatte, nach einem Jahr für die entsprechende Bescheinigung zu sorgen, wenn mein Projekt erfolgreich sein sollte.

Alles war jetzt soweit. Ich hatte pro Quadratmeter mit etwa zehn Hühnern gerechnet. Entsprechend plante ich den Stall und alles, was gekauft werden musste. Eine kleine finanzielle Rücklage hatte ich für Futterankauf eingeplant. Am ersten Tag grub ich das Fundament aus, wobei ich keine Maschine zur Verfügung hatte. Das Wasser musste ich aus 50 Metern Entfernung heranschleppen. So mischte ich den Zement für das Fundament und wartete dann bis zum nächsten Tag, damit alles richtig trocknen konnte.

Währenddessen versuchte ich noch einmal, eine Arbeit zu finden, auch als Aushilfe, ohne jedoch etwas zu erreichen. Das war zur Zeit des ersten Golfkriegs, und ich verfluchte meine Eltern, die mich nicht dazu erzogen hatten, mit den Wölfen zu heulen. Es war einfach, eine Arbeit zu finden, wenn man Bart trug und ein paar Verse des Korans auswendig konnte und diese geschickt in einem Gespräch anzubringen wusste. Wie aber sollte man das machen, wenn man wusste, dass dies unehrlich war? Wie sollte man jetzt in diesem Land überleben, wenn man zur Lüge nicht fähig war?

Ich ahnte nicht, wie viele Probleme noch auf mich zukommen sollten. Ich fing zuversichtlich mit meiner Arbeit an und vertraute darauf, dass sie mir Erfolg bescheren würde. Für mich war das die einzige Möglichkeit, zu Hause zu arbeiten, wo niemand kontrollierte, wie ich mich wüsche oder wie kurz mein Schnurrbart sei. Während ich die Blocksteine von der Haustür zur Arbeitsstelle trug, hörte ich die Lautsprecher einer Moschee: „Wir sind für die Armen zuständig, wir wollen ehrliche Bürger." War ich das etwa nicht? Was stimmte bei mir nicht? Wer konnte überhaupt mit ehrlichen Bürgern gemeint sein?

Ich erinnerte mich, wie meine Mutter zu Beginn der Revolution sagte: „Die feinen Herrschaften (gemeint war das Schah-Regime) haben genug gestohlen, die waren schon satt, wie soll man aber jetzt diese neuen

Herrschaften wieder satt kriegen? Das werdet ihr nicht mehr überleben." Ja, Mutter, du warst eine Analphabetin, aber du hast diese Leute sehr gut erkannt, sie haben keine Zähne, aber einen starken Kiefer. Bis sie satt sind, sind wir schon längst tot.

Nun stand der nächste Arbeitsschritt an, der Transport der Blocksteine. Den ganzen Vormittag karrte ich mit der Schubkarre Steine die 100 Meter von der Haustür bis zu meiner Baustelle. Der erste zu mauernde Raum umfasste fünfzehn mal fünf Meter. Die ersten Steine aufeinander zu setzen, war nicht schwierig. Schließlich aber musste ich eine Art Gerüst bauen, aus gestapelten Steinen und Brettern. Darauf legte ich dann ein paar lose Steine, kletterte hinauf und verspachtelte diese mit Zement. Es war eine enorme körperliche Anstrengung, und im Nachhinein frage ich mich, wie ich das überhaupt geschafft habe. Eine Schandsäule hochklettern wäre viel einfacher gewesen. Meine vielen Verletzungen zählten nicht, ich musste es einfach allein schaffen, sonst reichte das Geld nicht. Mit den Leuten vom Dschihad war ich in ständigem Kontakt. Sie hatten mir versprochen, mir farbige Zuchtküken zu geben. Doch jetzt, wo es fast soweit war, verlangten sie von mir einen Berechtigungsschein, den sie selbst mir doch eigentlich hätten geben sollen.

Ich musste also wieder einen Ausweg finden. Auf dem Schwarzmarkt konnte man keine kleinen Mengen an Zuchtküken kaufen, und da mir der Dschihad nicht helfen wollte, brauchte ich also eine Brutmaschine, um selbst Küken auszubrüten. Damit blockierte ich allerdings den Ankauf von Futter, womit ich nicht gerechnet hatte. Ich wollte und konnte von meinem Bruder kein Geld ausleihen, da er selbst nichts hatte. Er meinte jedoch, ich könne vielleicht zu unserem Onkel gehen. Dies war für mich eine schreckliche Aussicht. Ich konnte mich noch genau daran erinnern, wie mein Vater zum ihm als Bittsteller gegangen war, als ich noch ein Kind war. Ob es ihm damals auch so ergangen ist wie mir jetzt? Selbst wenn es so sein sollte, so gäbe es einen Unterschied. Für meinen Vater war sein Dorf die Welt, er war damit zufrieden. Ich aber hatte schon anderes kennengelernt, ich wollte mich nicht mit einem Leben wie dem meines Vaters bescheiden.

War das die Antwort auf die Fragen, die ich damals meinen Eltern gestellt hatte? Manchmal dachte ich, mein Vater sei für Gott eine Art Versuchskaninchen gewesen, das in einem kleinen Dorf sein ganzes Leben verbracht hatte. Nachdem ich nun die Welt gesehen hatte, versuchte Gott das ganze Experiment auch auf mich anzuwenden. Meine Gedankenspiele gingen weiter: Ist die ganze Welt nicht ein großes Experimentierfeld und wir sind darin die Versuchskaninchen?

Ich ging zu meinem Onkel und schilderte ihm meine Situation. Er verlangte gleich eine Sicherheit: „Wie willst du das zurückzahlen?" Ich sagte ihm, das Reisfeld sei verpachtet und in zwei Jahren könne ich alles zurückzahlen. Man merkte meinem Onkel an, dass ihm das Geschäft widerstrebte, doch er sagte trotzdem zu. Von diesem Geld kaufte ich in Teheran einen Brutkasten und einen Generator wegen des häufigen Stromausfalls. Für den Stall und den Stromverbrauch insgesamt hätte ich zwar einen größeren Generator gebraucht, dafür brauchte man jedoch wiederum eine Bescheinigung vom Dschihad.

Inzwischen waren die Wände des Stalls fertig, und ich brauchte schon wieder Geld für die Holzbretter. Da ich rundum sparen musste, machte ich wieder so viel wie möglich selbst. Holz zu bekommen, war kein Problem. Schließlich gab es genug davon auf unserem geerbten Waldstück, aber der Transport bis nach Hause ca. drei Kilometer war teuer. So trug ich das Holz den ganzen Weg auf der Schulter nach Hause. Für die Bretterherstellung fällte ich einen Baum, dessen Stamm ich zuschneiden ließ. Ich zimmerte selbst die Fenster und Türen und deckte den Stall mit Holz und Brettern ab. Alles musste nur noch mit Blech abgedeckt werden, welches ich vom Dschihad angeblich billig bekommen sollte.

Zu Beginn wollte ich 500 Eier ausbrüten lassen. Das würde zwanzig Tage dauern, wobei die Eier im Brutkasten immer wieder einmal von Hand bewegt werden mussten. In der Zwischenzeit wollte ich das Blech besorgen, was sich aber als ungeheuer schwierig herausstellte. Beim Dschihad sagte man mir, das Blech werde nun für den Krieg gebraucht. Ich hätte damals eigentlich schon begriffen haben müssen, mit was für Menschen ich es zu tun hatte, deren Versprechungen wie ihr Glaube weit entfernt von ihrer echten Überzeugung waren. Diese Menschen verpflichteten sich zu nichts, außer ihren Mitmenschen eine Grube zu graben. Am Schwarzmarkt konnte ich nur einen Bruchteil des Bleches kaufen. Schon kam ich langsam unter Druck. Bloß zehn Tage blieben mir noch bis die ersten

Küken schlüpfen würden.

Beim Dschihad erhielt ich als Antwort, für die Revolution müsse man bereit sein alles zu opfern. Was nützte mir die Revolution in meiner Lage? Die Hühner würden sterben, aber was tat das zur Sache? Die Revolution wurde schließlich nicht für volle Bäuche, sondern für höhere ideologische Ziele geführt. Ich war wütend, umso mehr, als sie ständig davon sprachen, zum Schutz der Armen da zu sein. Der Ingenieur, mit dem ich im Dschihad gearbeitet hatte, riet mir, zum Dschihad in Rascht zu gehen, die hätten mehr Möglichkeiten, mir zu helfen. Allerdings war alles, was ich da tun konnte, einen schriftlichen Antrag zu stellen, dessen Bearbeitung ohnehin drei Monate dauern würde. Zu Hause stand ich vor dem Problem mit dem Dach. Ich erinnerte mich, dass mein Vater einmal ein Dach aus Reishalmen geflochten hatte. Als Kind hatte ich das beobachtet. Reishalme gab es genug, doch jetzt und allein konnte ich das nicht.

Während dieser Zeit meldete sich auch das Mädchen ab und zu bei mir. Sie fragte mich, wie weit ich mit meiner Arbeit gekommen sei. Ohne dass wir von finanziellen Schwierigkeiten gesprochen hätten, steckte sie mir kommentarlos ein Bündel Geldscheine in die Tasche und überredete mich, es zu behalten.

Diese Summe war meine Rettung, auch wenn es für das Blech nicht reichte. Ich hatte jedoch eine andere Idee. Ich wollte Kunststoff nehmen. Der isolierte zwar viel schlechter, und es bestand auch die Gefahr, dass er im Winter riss, aber ich musste schnell handeln. Ich hatte es wieder einmal geschafft, wunderte mich aber von Neuem, woher ich dazu die Kraft nahm, besonders weil mir ständig gesagt wurde, ich sei in meinem Beruf unfähig.

Einmal, als ich bei der mühevollen Arbeit war, den Kunststoff anzunageln, hörte ich aus der Nachbarschaft fürchterliches Schreien und Weinen. Es war eine Frau, deren Mann im Krieg gefallen war. Wie sollte sie jetzt allein mit ihren drei Kindern in Hokumat-e Mostazafin zurechtkommen, wenn ich schon auf solche Schwierigkeiten stieß, ohne dabei Kinder ernähren zu müssen? Ach, bloß nicht daran denken! Für Gott bist du ein Verlassener. Was aber ist mit den Millionen Kindern, die verhungern, die auf der Straße schlafen, die zur Prostitution gezwungen werden?

Als Khomeini in den Iran kam, ging er zu Beheschte-Zahra, einem Friedhof in Teheran. Dort hielt er seine erste Rede:

„Im Namen Allahs des Allmächtigen! Wir haben in dieser Zeit viel Unheil erlebt. Manche Siege hatten wir, und manche waren auch große Siege. Aber das Unglück der Frauen, deren Söhne gestorben sind, die Männer, die ihre Kinder verloren haben, die Kinder, die ihre Väter verloren haben (gemeint ist in der Schah-Zeit). Wenn meine Augen jemanden sehen, der sein Kind verloren hat, kommt eine Stimme an mein Ohr, die ich nicht aushalten kann. Ich kann den Schaden, den unsere Bevölkerung erlitten hat, nicht wiedergutmachen. Ich kann mich nicht bei dieser Nation bedanken, die alles, was sie hatte, für Gott geopfert hat. Gott soll ihr den gerechten Lohn geben. Ich spreche allen Müttern, die ihre Kinder verloren haben, mein Beileid aus. Ich

spreche den Vätern, deren Söhne gestorben sind, mein Beileid aus. Und ich spreche den Kindern mein Beileid aus, die ihre Väter verloren haben. Lassen Sie mich deutlich machen, warum unsere Nation ein solches Unglück erlebt hat, was diese Nation früher gesagt hat und was sie heute sagt. Was sie gesagt hat und was sie sagt, seit sie ihre Stimme erhoben hat. Es gibt Mord, Grausamkeit, Raub, und all dieses geht auch heute noch weiter. Was hat die Nation getan, dass sie solch ein Unglück ertragen muss?"

Hörte er die Stimme dieser Frau auch? Ob diese Frau wegen ihres Mannes weinte oder wegen all dem, was noch auf sie zukommen würde?

Während der Arbeit am Stall stand die Brutmaschine bei mir im Zimmer. Ich wusste, dass es nicht mehr lange dauern würde, trotzdem war ich freudig überrascht, als ich eines Nachts von einem leisen Piepsen geweckt wurde. Ich opferte den Schlaf an diesem frühen Morgen, um beim Schlüpfen meiner ersten Hühnchen dabei zu sein, und beobachtete, wie die goldigen Küken sich aus ihrer Schale freikämpften. Es war ein so schönes Ereignis, dass ich die vergangene Mühe und den Ärger für einen Augenblick vergaß, nur um bei diesem zärtlich anrührenden und doch eisernen Schauspiel der Natur anwesend sein zu dürfen und zuzuschauen, wie sich ein Küken nach dem anderen freikämpfte und sich gleich zu melden anfing.

Nachdem diese erste Kükengeneration geschlüpft war, lief ich noch am selben Morgen zum Dschihad, um um Futter zu betteln. Natürlich beharrten sie wieder auf einer Bescheinigung, die allein zur Ausgabe von Futter berechtigen würde. Da konnte ich mich nicht mehr zurückhalten: „Brauchen die Soldaten auch diese Nahrung?" Jetzt verstanden die Angestellten, dass meine Wut und Verzweiflung echt waren. Ich bekam erst einmal Futter für eine Woche zugeteilt.

Die Jahreszeit zwang mich zum Heizen, der Stall war für die frisch geschlüpften Küken noch zu kalt. Ich brauchte eine ‚künstliche Mutter', aber dafür fehlte mir wie immer das Geld. Deshalb versuchte ich mit Öl zu heizen, bekam aber nur zwanzig Liter. Wegen des Kriegs war alles rationiert. Andere Züchter bekamen allerdings genug. Bis ich endlich begriffen hätte, wie das alles funktionierte, wäre mein Projekt schon eingegangen. Woher sollte ich wissen, dass ein verrostetes Zahnrad geschmiert werden muss? Und Schmiergelder bezahlen an eine heilige Organisation, die sogar vom Imam Khomeini gelobt worden war? Außerdem gab es genug Mitspieler auf diesem Feld, und ein ‚kleiner schwarzer Fisch' hatte zwischen den Haien nichts zu suchen. Ich musste den Stall also mit Holz heizen und besorgte mir zu diesem Zweck einen Holzofen. Schließlich hatte ich ja Holz in großen Mengen. Ich dachte mir, dass ich nur vor den Spiegel zu treten bräuchte, wenn ich Hilfe nötig hätte und die ganzen Offiziellen und die Regierung könne ich vergessen. Die nächsten Tage war ich mit dem Hacken und Sägen des Holzes beschäftigt. Ich musste Tag und Nacht Holz nachlegen, damit die Hühnchen optimal gedeihen konnten. Als diese dann etwa vier Wochen alt waren, legte ich Eier für die nächste Generation in die Brutmaschine.

Wie es im Iran üblich ist, umgab auch meinen Hof

eine Mauer, so dass man außerhalb gar nicht wusste, was ich trieb, mit Ausnahme der jungen Frau, die mich noch besuchte. Einmal allerdings kam ein etwa fünfzehn jähriger Junge, den ich selbst kaum kannte, dessen Vater mir aber bekannt war. Er bot mir an, mir Zeitungen der Opposition zuzustellen. Ich lehnte ab, mit Politik wollte ich nichts zu tun haben, und außerdem hatte ich auch ohne das schon genug Schwierigkeiten. Zwar las ich hin und wieder ein Heft zu meiner Information, aber dabei regelmäßig mitmachen wollte ich nicht. Bald darauf stellte sich heraus, dass meine Gleichgültigkeit mich gerettet hatte, da der Junge für das Komitee arbeitete. Wieso gräbt man immer den anderen eine Grube? Wieso versucht man nicht, sich auf ehrlichem Weg aus seinem Elend heraus zu heben? Ich hatte diesmal Glück gehabt, seither aber kannte ich die Angst und wurde noch vorsichtiger und wachsamer als bisher.

Bald schlüpfte auch die zweite Hühnchengeneration. Jetzt brauchte ich wieder Futter. Ich baute einen kleinen Zaun zur Abgrenzung der etwa 500 jungen Küken. Das Futter vom Dschihad ging zu Ende, anderes bekam ich nicht, also blieb mir nur der Gang zum Schwarzmarkt. Das bedeutete schlechtere Qualität bei höheren Preisen in Kauf zu nehmen. Schon bald merkte ich, wie schlecht das Futter war, ohne Fischmehl und Muscheln, ohne Mineralien und Vitamine. Denn nach einigen Tagen schon bemerkte ich, dass die Hühnchen nicht mehr so gut wuchsen. Die Flügel hingen schlapp herunter, die Beine hatten keine Kraft mehr, und die Tiere kauerten ständig am Boden. Es half auch nicht viel, dass ich Vitamin B-Komplex ins Wasser mischte. So beschloss ich, etwa 150 kräftigere Tiere zu behalten und den Rest zu verkaufen.

Für diese zweite Hühnchengeneration bastelte ich aus Glühlampen eine Art ‚künstliche Mutter'. Es funktionierte sehr gut, allerdings wurde es problematisch, wenn der Strom ausfiel, und das passierte oft am Tag. Die Küken krochen dann vor Kälte regelrecht ineinander, wobei viele eingingen. Ich musste also ständig aufpassen, um solche Situationen zu vermeiden. Dies bedeutete allerdings für mich eine Einschränkung meiner Freiheit. Mit dem Erlös vom Verkauf der Hühnchen kaufte ich erneut Futter, wollte diesmal aber der Krankheit vorbeugen. Ich wusste, dass es hauptsächlich an Fischmehl und Muscheln mangelte. Letzteres war kein Problem. Ich sammelte Muscheln am Strand, zerkleinerte sie und mischte sie dann ins Futter.

Am Kaspischen Meer und auch in Kapourchal lebt ein Teil der Bevölkerung vom Fischfang. Es gab zwei Fischsorten, die als nicht essbar angesehen wurden, obwohl sie zentnerweise ins Netz gingen. Diese wurden gewöhnlich ins Meer zurückgeworfen oder wurden als Futter für Hunde und Vögel verwendet. Die Fischer erklärten sich bereit, mir unwillkommenen Fang umsonst zu geben, und waren froh darüber, einen Abnehmer dafür zu haben. Ich kaufte also einen Fleischwolf, zerkleinerte den Fisch und verfütterte kleine Mengen davon. Am Tag darauf musste ich feststellen, dass die Hühner davon Durchfall bekommen hatten und dass ein Medikament notwendig war. Erst nach der Verabreichung entsprechender Medikamente wurden die Tiere wieder gesund.

Ich musste also einen anderen Weg finden. Eigentlich enthielt der Fisch genügend Nährstoffe, auch Phosphor und Kalzium. Nach Beigabe von Vitamin -B-Komplex ergab das vollwertiges Futter. Ich versuchte es nun mit der Beigabe vom Rinderfutter, das aus dem Silberhäutchen, also der Hülse des Reiskorns, hergestellt wurde. Dies ergab ein Futter mit genügend Vitamin-B-Komplex. Dieses Futter kostete mich so gut wie gar nichts außer viel Zeit und unheimlich viel Arbeit. Die Fischer gaben mir alles umsonst. Es waren hauptsächlich Abiturienten, die im Hokumat-e-Mostazafin keinen Platz mehr hatten. Sie konnten meine Lage einschätzen, und ihr Verständnis äußerte sich in jener Unterstützung, die für mich keine Kleinigkeit war und die mich dankbar machte. Da diese Futtermethode nun sicher war, aber sehr viel Arbeit erforderte, kaufte ich mir jetzt zur Erleichterung der Arbeit ein Fahrrad, um die Strecke bis zum Strand zurückzulegen. Es war eine harte Arbeit, etwa 600 Hühner nur mit Fisch zu füttern. Manchmal habe ich bis zu fünf Stunden lang Fisch durch den Fleischwolf gedreht.

Mein Fleiß wurde belohnt. Mein kleines Projekt gewann allmählich festen Boden. Inzwischen war schon die dritte Hühnchengeneration geboren, es waren etwa 400 Stück. Am Anfang fütterte ich sie ausschließlich mit Fisch unter Beigabe von Medikamenten gegen Kokzidiose. Für die Küken war das nicht so einfach, da sie beim Picken und Scharren den Staub aufwirbelten und so das Fleisch bedeckten und nicht mehr fanden. Ich nagelte deshalb ein schmales Brett in der richtigen Höhe an die Wand und erzog die Küken, von dort zu fressen. Die erste Generation war inzwischen etwa vier Monate alt. Nach meiner Erfahrung mussten sie etwa mit sechs Monaten beginnen Eier zu legen. Sie begannen damit aber viel früher, was ich auf die Verabreichung des vitaminreichen Futters zurückführte. Ich war froh, dass der Lebenskreislauf jetzt praktisch von selbst funktionierte, ohne einer Hilfe von außen zu bedürfen. Ich wählte nochmals die kräftigsten unter den Hühnchen für meine Zucht aus, die anderen verkaufte ich. Genauso verfuhr ich auch mit den Eiern für die Brutmaschine und verkaufte auch hier den Rest.

Allerdings wollten die Leute keine Hühnchen kaufen mit der Begründung, diese kämen künstlich zur Welt und außerdem bekämen sie nur Fisch zu fressen, den man jetzt nicht mehr essen dürfe. Ich war kein guter Händler. Entweder verkaufte ich unter dem Preis, oder ich verkaufte an Zwischenhändler, die meine Tiere ein paar Tage später zum doppelten Preis anboten. Ein anderer Grund für die schlechte Nachfrage in Kapourchal war wohl auch der, dass der Handel mit solchen Produkten unüblich war. Normalerweise verschenkte man Lebensmittel oder gab sie zumindest sehr billig ab. Es erschien den Leuten ungewöhnlich, dass ein Dorfbewohner dafür den gleichen Preis verlangte wie ein Fremder.

Bei der dritten Generation ging die Fischzeit zu Ende, die einfachen Fischer durften nun nicht mehr ausfahren. Es war die Zeit für Kaviarfischfang, und dieser war alleiniges Privileg der Schilat. Diese staatliche Fischereiorganisation nahm gleich nach dem Fang den Fisch aus und Kopf und Eingeweide wurden zurück ins

Meer geworfen. Ich bot dort das gleiche Geschäft wie den fischenden Studenten an, und der Chef der Gruppe erklärte sich damit einverstanden, den Abfall meiner Hühnerzucht zu überlassen. Diese neue Situation hatte den Vorteil, dass ich nicht mehr den ganzen Strand abklappern musste. Denn ich konnte nun den Abfall zu einer bestimmten Zeit abholen. Mengenmäßig war es weniger als bei den Fischern, gewöhnlich zwischen 20 und 50 kg. So ließ sich jetzt die Futterbeschaffung besser mit der übrigen Arbeit koordinieren. Ich musste ja ständig auf gleichmäßige Stromversorgung achten. Inzwischen hatte ich etwa 1 000 Hühner aller Altersstufen. Die Arbeit von Hand war mühselig. Mein anderer Onkel, der Metzger war, überließ mir glücklicherweise noch eine ausrangierte Häckselmaschine für meine Fischmehlproduktion.

Niemand aus meiner Familie wusste unterdessen, was ich die ganze Zeit trieb. Ich suchte auch keinen Kontakt und hatte im Grunde auch gar keine Zeit dafür. Viele Leute aus der Umgebung haben mich für verrückt gehalten. Sich einen Bart wachsen lassen und ein paar Verse auswendig lernen ist einfacher als eine so mühselige Arbeit.

Nach vier Monaten war die Angelsaison endgültig vorbei, weder die einfachen Fischer noch die Leute vom Schilat durften noch ausfahren. Damit gab es für mich keine Möglichkeit, mein billiges Futter zu beziehen. Wenn ich so viel Futter hätte kaufen müssen, wie die Hühner bei ihrer derzeitigen Anzahl und Größe fraßen, hätte ich mein Projekt aufgeben müssen. Ich hatte das Geld nicht am Schwarzmarkt einzukaufen. So kam ich auf die Idee, Speisereste aus Restaurants zu sammeln. Außerdem ging ich zum Schlachthof meines Onkels, der mir unverwertbare Fleischreste von geschlachteten Rindern gab. Ich verfütterte, was ich bekommen konnte.

Doch nach einiger Zeit musste ich zwei Dinge feststellen: Einige Hühner hatten die Pilzerkrankung Aspergillose bekommen, wahrscheinlich von verschimmeltem Brot und Essensresten. Dies galt es zu vermeiden. Ich merkte aber auch noch, dass meine Hühner kurzzeitige Lähmungserscheinungen hatten, die sich bei manchen nach zwei bis drei Stunden normalisierten, bei anderen jedoch andauerten. Um die Ursache zu erforschen, nahm ich einige Hühner beiseite und fütterte sie mit Rindfleisch, während ich den anderen keines mehr gab. Tatsächlich trat die Lähmung nur bei den Ausgesonderten auf. Ich musste dafür ein Gegenmittel finden, und so ich ging wieder einmal zum Dschihad, da diese über die nötigen Geräte zur genaueren Erforschung verfügten. Die Leute von Dschihad jedoch lachten mich aus und wollten von Forschung nichts wissen. Auch das hätte ich eigentlich von diesen 14- bis 20-Jährigen nicht erwartet. Mir blieb nichts anderes übrig, das Rindfleisch musste weg vom Speisezettel.

Ich erfuhr, dass die Fischer aus dem Dorf trotz Verbots nach Kaviarfisch angelten, und so ging ich in der Hoffnung auf Hilfe wieder zu ihnen. Aber diesmal waren sie weniger bereitwillig, da sie fürchteten, dass die Sache bekannt werden könnte. Ich versicherte ihnen, diskret zu handeln und zum Beispiel jedem zu sagen, ich hätte die Eingeweide am Strand eingesammelt. So konnte ich mir den täglichen Bedarf an Kaviarfisch und Fischinnereien wieder sichern. Manchmal lieferten mir die Fischer auch nach Hause. Ich kochte nun meinen Hühnern jetzt sogar Kaviarfischköpfe, und in das Restwasser mischte ich die Silberhäutchen derReisschalen unter, bis ein richtiger Teig entstand. Ich wurde sogar richtig zuversichtlich, wenn ich an die Zukunft dachte. Ich behielt etwa 300 Hennen und Hähne und verkaufte den Rest. Mit dem Erlös aus dem Verkauf der Hühner und der Eier kaufte ich Zement und Steine, denn es lohnte sich jetzt, das Projekt auszudehnen und neue Ställe zu bauen.

Die Einzige, die mich während dieser ganzen Zeit besuchte und mich von meiner Arbeit ablenkte, war das Mädchen. Eigentlich müsste ich sie schon anders nennen, denn mittlerweile hatte die Frau gegenüber dem Mädchen an Bedeutung gewonnen. Sie kam regelmäßig und sah, was ich tat. Nachdem sie sich alles einige Male angeschaut hatte, stellte sie sich neben mich und meinte, zusammen könnten wir Erfolg haben. Wir wollten heiraten und versprachen einander an diesem Tag ein gemeinsames Leben. Es wurde eine Hochzeit in kleinem Kreis vereinbart: Zur Feier sollten nur Eltern und Geschwister eingeladen werden. Von meiner Seite aus waren, wie vereinbart, nur meine Geschwister gekommen, doch von ihrer Seite kamen sämtliche Verwandten, die ich zum größten Teil gar nicht kannte. Für meine Familie, die in dieser Gesellschaft nur ein kleines Quartett bildete, war das ein ziemlicher Schlag. Meine Geschwister hielten es dann auch nur drei Stunden aus und gingen vorzeitig nach Hause, sodass ich also allein unter den Menschen blieb, die mich zwar als Bräutigam feierten, mir aber vollkommen fremd waren. Ich fühlte mich entsprechend unwohl, und dieses Gefühl der Peinlichkeit ließ mich den ganzen Tag nicht los.

Nach der Hochzeit kam ich zurück nach Hause und traute meinen Augen nicht: Die Stalltür stand weit offen, und die Hühner liefen um das Haus herum. In der Nacht hatte es geregnet, die Tiere waren nass geworden. Da sie die Kälte nicht gewohnt waren, lagen einige schon tot im Hof. Wer hatte das Tor offen gelassen? Meine Schwestern hatten es sicher geschlossen. Später stellte sich heraus, dass dies ein „Hochzeitsgeschenk" der Pasdaran war, die wohl neidisch waren. Einen anderen Grund dafür kann ich mir nicht vorstellen, denn ich habe nie ein schlechtes Verhältnis zu den Dorfbewohnern gehabt und den Armen hin und wieder sogar Hühner geschenkt. Mir war auch klar, dass während meiner Abwesenheit Hühner gestohlen wurden. Bisher hatte ich das nicht verhindern können, da ich allein war.

Die frei herumlaufenden Hühner waren alle unterkühlt, alle hatten sich mit Geflügelschnupfen oder Kokzidiose infiziert und starben. Also verkaufte ich sie so schnell wie möglich. Es blieben mir jetzt nur die Küken, die unter der künstlichen Mutter geblieben waren. Ich reinigte den Stall und heizte den Ofen für die Küken ein. Mir war klar, dass für eine geraume Zeit der Verdienst ausbleiben würde, da ich keine Hühner und folglich auch keine Eier zu verkaufen hatte. Mein Hauptanliegen war jetzt, neue Eier in die Brutmaschine zu geben und dann die Küken zu verkaufen.

Unsere Eheschließung brachte kaum Veränderungen in meinen Alltag, da meine Frau noch weiter bei ihren Eltern wohnte, weil mein Haus noch nicht richtig bewohnbar war. Nach der Hochzeit ging der Kontakt zu meiner Familie wieder auf denselben Grad der Teilnahmslosigkeit zurück wie vorher. Weder mein Bruder noch meine Schwestern befanden es für nötig, sich mit meiner Frau zu unterhalten, die sie ja noch gar nicht kannten.

Da ich jetzt nach dem Verkauf aller Hühner etwas Geld hatte und nach vielen Besuchen beim Dschihad und viel Geduldsaufwand bis zur Bewilligung eines zweiten Stalls noch gleichzeitig die Zusage für einen Kredit über 20 000 Tuman bekam, kaufte ich eine zweite, diesmal eine halbautomatische, Brutmaschine. Ich wusste außerdem, dass die Fischereisaison bald losging, wo ich auch mit der Hilfe vom Schilat rechnen konnte. Die Erlaubnis zur Anschaffung eines großen Generators gab mir der Dschihad allerdings nicht.

So konzentrierte ich mich nun auf den Bau des zweiten Stalls, obwohl erst einmal das Dach des ersten auszutauschen gewesen wäre. Wenn ich aber nicht beizeiten mit dem Bau des zweiten Stalls anfing, könnte der Dschihad seine Versprechungen rückgängig machen. Außerdem brauchte ich noch einen Bürgen für den Kredit über 20 000 Tuman. Der Bürge sollte am besten ein renommierter Händler sein. Alle Leute, die ich fragte, verwiesen mich an meinen Onkel. Dies war mir natürlich peinlich. Ihm aber musste es doppelt peinlich sein, wenn sein Neffe das Geld anderswo geliehen bekäme. Mit Widerwillen ging ich also zu ihm, der mich gleich an seinen achtzehnjährigen Sohn verwies, welcher sich auf die Übernahme der Geschäfte seines Vaters vorbereitete. Es war für mich eine Schande, wie ich als Bittsteller vor meinen jüngeren Cousin treten musste: Ich hatte studiert, mich hart eingesetzt, um eine Arbeit zu bekommen, alles ohne Erfolg. Und hier saß mir ein Junge im Chefsessel einer Firma gegenüber, der nicht die geringste Ahnung hatte, wieviel Mühe andere haben können, um ihr Leben zu finanzieren. Oh mein Gott, warst du schon einmal in so einer peinlichen Situation? Wie willst du so viel Schmach vor dir selbst wieder gutmachen? Ich kannte meinen Cousin noch aus der Schulzeit sehr gut, als ich ihm Nachhilfe gab und ihm bei den Hausaufgaben half. Er übernahm also die Bürgschaft.

So konnte ich den zweiten Stall bauen. Nebenher versuchte ich weiterhin, Hühner zu züchten, die ich nun längst nicht mehr nach Generationen zählte. Bald hatte ich genug Hühner und Küken, dazu etwa 1 000 Eier in den Brutmaschinen. Doch eines Nachts stürmte es so stark, dass das Dach des einen Stalls einriss und der Regen in den Stall dringen konnte. Dazu gab es eine Stromunterbrechung, so dass die Ställe ohne Licht und Wärme blieben. Die Küken, die den feuchten Luftzug und die Dunkelheit nicht gewohnt waren, drängten sich alle in eine Ecke, wo sie sich gegenseitig in ihrer Angst erdrückten. Ich versuchte sie durch Aufscheuchen auseinander zu bringen, allerdings ohne Erfolg. Dann versuchte ich, die zwei vollen Brutmaschinen zu retten; indem ich mit dem zu schwachen Generator, den ich besaß, abwechselnd die eine und die andere Brutmaschine mit Strom versorgte. Die inzwischen vom Regen völlig durchnässten Kleider warf ich von mir, um im Adamskostüm beweglicher zu sein; allerdings konnte ich nicht gleichzeitig in beiden Ställen sein und dazu auch noch die Maschinen mit Strom versorgen.

In meiner Verzweiflung habe ich mich irgendwann völlig erschöpft auf den nassen Boden des Stalls gesetzt und geheult. Warum musste ich immer wieder bestraft werden? Weil ich mit dem Kopf durch die Wand wollte? Oder weil mir ein so starker Wille gegeben wurde? Oder weil ich nicht mit den Wölfen heulen wollte? Wie weit geht dein Experiment mit mir noch, mein Gott? Wie lange muss ich noch durchhalten? Was und wem willst du etwas beweisen? Man experimentiert doch, um festzustellen, was man noch nicht weiß. Aber DU weißt doch alles!

Nach etwa zwölf Stunden war das Gewitter vorbei. Es hinterließ ein regelrechtes Schlachtfeld! Im Stall mussten der ganze durchnässte und verdreckte Boden erneuert werden, um die notwendige Hygiene wieder herzustellen. Für die überlebenden Hühner grenzte ich mit einem Zaun einen Raum im Hof ab, sie mussten draußen bleiben, damit ich drinnen Ordnung schaffen konnte.

Das Unwetter hatte mir heftig zugesetzt. Bisher waren meine Schwierigkeiten mehr gesellschaftlicher und politischer Natur, doch jetzt musste ich mich fragen, ob irgendeine höhere Gewalt mich existentiell erledigen wollte. Warum wollte Gott mir nicht helfen? Warum aber sollte er? Was für eine Bedeutung hatte denn schließlich ein ‚kleiner schwarzer Fisch' für Gott? Jedenfalls bezog ich das Geschehene auf mich, woraus ein noch stärkerer Wille hervorging weiterzumachen. Ich wusste nur, dass ich weiterkämpfen würde. Wenn ich stürbe, ließe ich einen Finger aus dem Grab hervorlugen, er wird weiterwachsen und weiterkämpfen, damit Du, mein Sohn,

> *„sehen sollst, wie die Kräfte wachsen in der Not. Darum lass ich mirs auch nicht bange sein, wenns aufs Äußerste kommt. Der Mut wächst mit der Gefahr; die Kraft erhebt sich im Drang. Das Schicksal muss einen großen Mann aus mir haben wollen, weils mir so quer durch den Weg streicht."*
>
> *Friedrich Schiller*

Meine Frau, die mittlerweile bei mir eingezogen war, wurde von gegenteiligen Gefühlen beherrscht. Sie hatte nicht so starke Nerven, sie erlebte die Rückschläge viel stärker als ich: „Wir werden niemals Erfolg haben, alles ist nur ein schöner Traum, und ich verstehe nicht, warum du ihn weiter träumst. Warum stehst du wieder auf, um ein Neues zu erreichen, wo das Alte eben erst zusammengebrochen ist? Versteh doch endlich, was Sache ist!"

Ab jetzt konnte ich nicht mehr für Hygiene sorgen, es ging einfach nicht. Der Zwang, die Hühner frei im Hof zu lassen und die Küken weiterhin im Stall, war mit der Gefahr von Krankheiten verbunden. Die Tiere waren nur an bequeme Bedingungen gewöhnt, draußen in ihrer ungewohnten Freiheit entwickelten sie Angriffslust und fraßen alles, was sich anbot. Da bald die Fischereizeit beginnen sollte, versuchte ich daher so viel Eier wie möglich in die Brutmaschine zu laden. Beide Ställe waren bald voll, und eine kleine Ecke gehörte den freilaufenden Hühnern.

Alles begann wieder von vorne und ging eigentlich ganz gut. Zwei Monate lang bekam ich regelmäßig Fisch, dann passierte jedoch etwas anderes, wovor ich mich schon lange befürchtet hatte: Täglich erkrankten mehr Hühner; sie hatten die Pocken. Ich hatte zwar daran gedacht, sie gegen Pocken impfen zu lassen, aber der Dschihad meinte auf meine Anfrage hin, dass ich dann zwanzig Kilometer weit nach Bandaranzali fahren solle, um die etwa 1 000 Küken im Dschihad zu impfen. Die Medikamente selbst wollten sie mir nicht geben mit der Begründung, dass man sie gut am Schwarzmarkt verkaufen könne, und zu mir nach Hause wollten sie auch nicht kommen. Ich musste jedem einzelnen Tier beide Augen täglich mehrmals mit Salbe einreiben, nachdem ich mit einer Nadel vorsichtig den Eiter entfernt hatte. Es war eine langwierige Prozedur, an der viele starben.

Durch den engen und langen Kontakt kannte ich meine Tiere sehr gut und merkte schnell jede Verhaltensänderung oder auch das Fehlen von Hühnern. So geschah es einmal, dass ich einige Hühner vermisste und mich fragte, wohin sie verschwunden sein könnten, da sie über die im Iran üblichen zwei Meter hohe Mauer nicht fliegen konnten. Ich konnte auch keine Kadaver finden. Ein Freund gab mir den Wink, vorsichtig zu sein, da viele meiner Hühner gestohlen würden. So legte ich mich also auf die Lauer und konnte eines Tages den Hergang des Diebstahls beobachten. Zwei zehn- bis elfjährige Jungen, die von ihrem Vater beauftragt worden waren, kletterten an einer Leiter hoch, streckten vorsichtig ihre Köpfe, um sich zu vergewissern, dass ich nicht da wäre. Selbstverständlich hielt ich mich bedeckt. Kurz darauf wurden ein paar Steine aus der Mauer gezogen, die sich wahrscheinlich nicht von selbst losgelöst hatten. Eine kleine Hand streute von meinem Garten aus eine Spur Reis durch die Öffnung. So wurden die Hühner lautlos in die Falle gelockt und ohne eine Spur entwendet. Ich befragte die Kinder einige Zeit später, aber sie liefen einfach davon. Daraufhin benachrichtigte ich die Gendarmerie. Nachdem der Vater eine Vorladung bei der Behörde bekommen hatte, suchte er mich auf und bedrohte mich: Er habe gute Beziehungen zum Dschihad und zum Imam-e-Jomeeh und außerdem hätten die Kinder nur Spaß haben wollen und bei weiteren Aktionen meinerseits würde er die Hühner vergiften. Er gehörte zu der Sorte Menschen, die ihre Drohungen skrupellos wahr machen würden. Denn er spionierte und arbeitete auch schon vor der Revolution für den SAWAK.

Ein paar Monate nach unserer Hochzeit kam der Bruder meiner Frau zu uns. Erstaunt über das Ausmaß unserer Zucht, erkundigte er sich über die bisherige Entwicklung, allerdings nur um anschließend zu bemerken, dass wir es wohl niemals schaffen würden, damit Erfolg zu haben. Am Abend nach der Abfahrt ihres Bruders ließ mir meine Frau keine ruhige Minute. Die Prognose ihres Bruders hatte eine neue Welle von Klagen in ihr ausgelöst. „Sieh' doch mal an, wieweit haben wir es gebracht? Es reicht hinten und vorne nicht und wir waren noch kein einziges Mal zusammen weg, hatten keine einzige freie Stunde.“ Nicht nur sie, sondern auch ihre Geschwister klagten nun lauter und häufiger. Irgendwie hatten sie Recht, das war kein schönes Leben, was ich ihr geschenkt habe, zwischen Hühnern in ständiger Existenzangst zu leben, aber keiner sagte mir, was ich denn sonst hätte machen sollen.

Meine Frau hatte nicht die Ausdauer, sich durch die schwere Zeit durchzubeißen, sie war nicht so aufgewachsen, sie hatte Not nie zu spüren bekommen, aber sie hatte wohl geahnt, was auf sie zukommen würde. Bei ihrem ersten Besuch in meiner Hühnerzucht hatte sie sich ein Leben zugetraut so, wie sie es da vorfand. Ich hatte ihr nichts verheimlicht, sie hatte sich stark genug gefühlt. Vielleicht trieb sie auch die romantische Hoffnung an, durch die Liebe ein reicheres Leben zu gewinnen. Insgeheim fluchte ich über ihren Bruder, der statt Trost nur Hoffnungslosigkeit verbreitet hatte. Mir war bewusst, wie schwer unser und insbesondere das Leben meiner Frau war, da sie nun keine sozialen Kontakte mehr hatte und inzwischen unfreiwillig an den Hühnerhof gebunden war. Dinge wie Einkaufen oder Bummeln durch Einkaufsstraßen waren von hier aus schwer machbar. Für eine Frau war diese Lage doppelt schwer zu tragen. Sie hatte sich bisher tapfer gehalten und die Zähne zusammengebissen. Sie packte mit an bei der Arbeit, sie unterstützte mich sogar bei einer illegalen Aktion, als aufgrund einer schlechten Ernte die Reispreise in schwindelerregende Höhen stiegen, und wir Reis nach Teheran schmuggelten, um ihn dort zu verkaufen.

Als die Fischereizeit wieder beendet war, ging ich aufs Neue zum Schilat. Sie hatten wieder mit dem Kaviarfischfang begonnen. Ich war froh, eine der Nahrungsmenge entsprechende Anzahl von Hühnern und Küken durchgebracht zu haben. Beim Schilat wurde mir aber mitgeteilt, man dürfe mir den Fischabfall nicht mehr geben, es kursiere nämlich das Gerücht, dass in den Eimern Kaviar zu den Eingeweiden dazu gemischt würde und das Ganze dann als Kaviar verkauft würde und wir uns den Gewinn dann teilten. Natürlich schadeten diese Hetzparolen nicht nur mir, sondern auch meinem Geschäft. Ich ging sofort in die Zentrale, um der Sache nachzuspüren, bekam da aber nur die kurze Antwort, sie bräuchten den Abfall jetzt selber. Niemand gab mir eine ehrliche Antwort. Musste ich sie bestechen? Aber wie? Und wen? In solchen ‚Geschäften' hatte ich keine Erfahrung.

Es stand fest, dass dies kein gangbarer Weg für mich war. Ich stand nun mit etwa 2 000 Hühnern und Küken da, aber ohne Futter. Ich verfütterte, was der Tag hergab: Essensreste, Abfall vom Markt, manchmal tagelang nur Gras, und schließlich gar nichts mehr. Die Tiere haben dies nur einen Tag lang durchgehalten, dann benutzten sie sich gegenseitig als Futter. Die Verluste waren enorm. War mein Projekt am Ende? Musste ich aufgeben? Musste ich alles verkaufen? Ich versuchte sie jetzt mit Rousch, einer Art Hummer, die etwa einen Zentimeter lang und zwei Millimeter breit ist, satt zu bekommen. Ich sammelte diese winzigen Tierchen mühevoll am Strand auf und fuhr auch auf dem Fahrrad am Meer entlang, um angeschwemmte Fische zu sammeln.

Als ich an einem Tag wieder kein Futter fand, stieß ich am Strand auf einen angeschwemmten jungen Seehund. Ich durfte nicht lang überlegen, es ging schließlich auch um mein Leben. Ich nahm ein Stück Holz und erschlug den hilflosen Seehund im Sand, packte ihn in einem Sack auf den Gepäckträger und fuhr nach Hause. Doch bald packten mich Gewissensbisse. Wie hatte ich ein Lebewesen töten können? Diesmal war es ein Seehund, würde es morgen schon ein Mensch sein? Ich erschrak vor meiner eigenen Brutalität. Konnte man so schnell zum Mörder werden? Oder wird man als Mörder geboren? Ich wünschte mir, dies alles möge ein Ende finden oder alles wäre nur ein böser Alptraum. Ich wollte wieder wie ein Kind im Meer tollen oder im Reisfeld arbeiten. Konnte eine Rückkehr zu diesen alten Zuständen stattfinden, wenn die Sehnsucht danach nur groß genug war? Warum und wozu geschah das alles?

Die sich ständig wiederholenden Misserfolge in meinem Projekt, das ständige Auf und Ab vom Erwerb des Existenzminimums bis hin zum Abzahlen von Schulden, ohne je das Gefühl materieller Unabhängigkeit zu haben, hatte meine Frau zermürbt. Als sie dann noch schwanger wurde, fanden ihre Klagen kein Ende. Sie konnte für das Kind keine Sicherheit absehen und sah nun nur noch eine tiefschwarze Zukunft. Traurigkeit und Enttäuschung waren ständig in ihrem Gesicht zu sehen. So beschlossen wir nach langem Abwägen, die Hühnerzucht aufzugeben und das Dorf zu verlassen. Das Kind sollte eine fröhliche Mutter kennenlernen und in einem Umfeld aufwachsen, das nicht von der um sich selbst kreisenden Arbeit in Dreck und Einsamkeit geprägt war. Also verkauften wir die Hühner, und zwei Jahre nach Beginn meines Projektes zogen wir nach Bandaranzali, zwanzig Kilometer entfernt vom Dorf meiner Eltern zu meiner Schwiegermutter, wo wir mietfrei wohnen durften. Nach all den Misserfolgen bei der Arbeitssuche und jetzt auch bei der Hühnerzucht hatte mein Prestige in der Familie meiner Frau ziemlich viel einbüßen müssen. Ab jetzt hatte ich nichts mehr zu sagen, ich war ein Versager.

Die Niederkunft unseres Kindes stand nun bald bevor. Die Geschwister meiner Frau hatten beschlossen, dass die Geburt in einem Krankenhaus in Teheran stattfinden sollte. Auf diese Entscheidung hatte ich keinen Einfluss. Der dortige Arzt kündigte die Geburt in den nächsten drei, vier Tagen an, sodass wir gleich in Teheran blieben. Als dann nach drei Tagen die Wehen einsetzten, erwartete uns der Arzt in der Klinik. Die Geburt war schon nah, aber der Arzt verlangte einen Krankenschein, den wir nicht dabei hatten! Ein Ausweis reichte ihm nicht, er sagte, den könne sich jeder besorgen. War ich in einem islamischen Land? Auch gegen Bargeld auf privater Basis durften die Geburtshelfer nichts machen. Meine Frau war schon fast bewusstlos, so brachte ich sie mit dem Taxi in eine andere Klinik, wo unser Hausarzt auf uns wartete. Die Fahrt verzögerte sich, da die Straße wegen eines Trauerfalls gesperrt war. Meine Gedanken spannen sich damals weiter: Wäre ich damals in den Dschihad eingetreten, wie es der Ingenieur mir angeboten hatte, wäre ich heute in einer entsprechenden Position, die es unmöglich gemacht hätte, mich wie den letzten Dreck abzuweisen und wegzuschicken.

Deshalb sage ich dir, mein Sohn, versuch immer, auf der Gewinnerseite zu sein, später wird dich niemand fragen, wie du das geschafft hast. Wenn du im Krieg überleben willst, musst du ein Krieger sein, aber wenn du unter Betrügern lebst und willst überleben, musst du eben ebenfalls ein Betrüger sein. Der Verbrecher von heute kann der Friedensnobelpreisträger von morgen sein. Versuch hier für dich einen Himmel einzurichten, es gibt keine andere Hölle mehr, und versuch nie ein Held zu sein, der Friedhof ist voll von solchen. Das waren meine Gedanken in meiner verzweifelten Situation.

Nach der Geburt unseres Sohnes wurden meine Sorgen noch größer. Meine Freunde hatte ich in der Zeit der Hühnerzucht sowieso verloren. Ich war jetzt in Bandaranzali noch einsamer, da ich hier niemanden kannte. Von meiner früheren Arbeit hatte ich nichts übrig, es war ein Lohn von der Hand in den Mund gewesen, kein regelmäßiges festes Einkommen. Jetzt hatte ich nichts und trug mit nichts zum Erhalt und Unterhalt meiner Familie bei. Ich fühlte mich eher als eine Last für sie. Was würde passieren, wenn meine Frau ihre Arbeit ebenfalls verlieren würde? In nächster Zeit konnte meine Frau ohnehin nicht an der Schule unterrichten. Was würde geschehen, wenn man sie entlassen würde? Wie sollten wir das Kind ernähren? Sollte sich die Geschichte meines Vaters bei mir wiederholen? Würde mein Sohn mich genauso fragen: Warum habt ihr mich zur Welt gebracht, wenn ihr mich nicht versorgen konntet?

Mein Blick zurück und die augenblickliche Situation

gaben mir das Gefühl, ein Verlierer zu sein. Ich hatte keine Arbeit und fühlte mich alleingelassen, besonders seit mein Bruder Rezwan ermordet worden war. So war mein Kampfgeist geschmälert und ich beschloss, mir eine Arbeit als einfacher Arbeiter zu suchen, wo ich frei von aller Verantwortung war.

DAS SCHICKSAL MEINES BRUDERS REZWAN

Revolutionäre und Individuen kann man ermorden, aber Ideen lassen sich nicht töten.

Thomas Sankara

Mein Bruder Rezwan war kräftig, groß, ein athletischer Typ und fünf Jahre älter als ich. Er wusste seine Physiognomie einzusetzen, ging keinem Streit, keiner Schlägerei aus dem Wege und war obendrein ein guter Sportler. Auch dem Glücksspiel war er nicht abgeneigt. Bis er das 18.Lebensjahr erreicht hatte, konnte er sich fast ein kleines Vermögen erspielen und war auf diesem Gebiete eine stadtbekannte Persönlichkeit.

Nach dem neunten Schuljahr verließ er die Schule, betrieb dann eine kleine Gärtnerei, in der im Sommer Wasser- und Honigmelonen, Mais, Kürbisse und anderes Gemüse angebaut wurden. Dazu half er noch unserem Vater auf dem Reisfeld. Im Winter ging er auf die Jagd und brachte täglich Enten und anderes Geflügel nach Hause. Zusätzlich konnte er sich Geld verdienen, indem er große Holzbohlen, die den sowjetischen Frachtschiffen bei Sturm über Bord gegangen waren, schwimmend an Land bugsierte, was große Kondition und Gewandtheit erforderte. Dieses Holz aus den russischen Nadelwäldern ist in unserem Land sehr rar, und er konnte damit einen schönen Gewinn erzielen.

Natürlich hatte er auch am anderen Geschlecht reges Interesse. So lernte er ein Mädchen kennen, die im Dienste der Weißen Revolution als Sepah-e-Tarwig wa Abadani den Mädchen in unserem Dorfe Nähen und Kochen beibrachte oder sogar gelegentlich Ausflüge in die Stadt organisierte. Farangis, so hieß das Mädchen, hatte das Abitur und war gebildet. Dadurch motiviert verspürte er das Bedürfnis, ebenfalls die Hochschulreife zu erwerben. Obwohl er keine Schule mehr besuchen durfte, weil er zu alt war, begann er nach der Arbeit zu lernen und bestand schließlich die Prüfungen als Externer. Vom Militärdienst befreit, ging er sofort nach der Abschlussprüfung nach Teheran und fand dort Arbeit als Leiter der Nachtschicht in einem städtischen Waisenhaus. In diesem Waisenhaus waren etwa hundert Jungen im Alter zwischen 13 und 18 Jahren untergebracht. Das Waisenhaus war durchaus komfortabel. Die Jungen hatten Doppel- und sogar Einzelzimmer. Es standen ihnen eine Bibliothek, ein Swimmingpool und ein großes Sportgelände zu Verfügung.

Aller Anfang ist schwer, und die Insassen dieses Heimes waren keine ‚Waisenknaben'. In der ersten Nacht wurden die Scheiben am Mitarbeitergebäude eingeworfen und im Hof wurden Bettdecken verbrannt. Rezwan reagierte nicht auf diese Provokation. In den folgenden Nächten wurden die Fensterscheiben der Zöglingsstuben zerschlagen und weitere Bettlaken wurden in Brand gesteckt. Auch diesmal ging Rezwan nicht auf die nächtlichen Streiche ein. Er konnte aber durchsetzen, dass die zerstörten Scheiben im Knabentrakt nicht sofort erneuert wurden. Neues Bettzeug wurde natürlich auch nicht gekauft. Bald begannen die Jungen des Nachts jämmerlich zu frieren. Eine kurze Zeit verharrten sie in störrischem Rückzug, dann schickten sie eine ‚Abordnung' zu Rezwan. Danach wurden die Scheiben und das Bettzeug ersetzt. Niemand musste mehr nachts frieren.

Bei den Bauern der Umgegend wurden schon seit geraumer Zeit Obst und Gemüse, teilweise sogar unreife Früchte, gestohlen. Rezwan hörte sich um, schnappte Gerüchte und Informationen auf, und bald waren die Täter unter den Heimkindern überführt, die sich noch im Besitze zweier Kisten unreifer Äpfel befanden. Die Strafe war auch hier der Tat angemessen. Die diebischen Würmer mussten im Rezwans Büro den gesamten Inhalt der Kiste verzehren. Bei einer Weigerung hätte sie eine harte Strafe erwartet. In den folgenden Tagen waren die Toiletten des Knabentraktes ständig besetzt. Er hatte nicht nur die Personen, die für die Unruhe verantwortlich waren, bestraft, sondern ihnen auch die Verantwortung gegeben und die Folgen ihres Tuns bewusst gemacht.

„Ich fördere dich, weil ich dich achte."

Anton Semjonowitsch Makarenko

Trotz oder gerade wegen solch ungewöhnlicher Erziehungsmethoden fassten die Jungen allmählich Vertrauen zu Rezwan. Denn der neue Schichtleiter verteilte nicht nur Strafen, er belehrte die Knaben auch über ihre vielen bis dahin unbekannten Rechte. So stand den Jungen ein Taschengeld zu, das ihnen bis dahin nie ausbezahlt worden war. Sportkleidung gab es erst, nachdem sie von Rezwan für die Jungen geordert worden war. Genauso wurde die Essensqualität verbessert. Nun gab es täglich Fleisch, das die Kinder vorher als Luxus betrachten mussten. Rezwans Vorgesetzte waren keineswegs über diesen Eifer erfreut. Denn Korruption und Unterschlagung waren fortan enge Grenzen gesetzt.

Auch um sein Fortkommen war Rezwan besorgt. Da er nur bis um zwölf Uhr nachts wach bleiben musste, konnte er tagsüber weiterhin Geschichte und Geographie an einer der vielen Teheraner Universitäten studieren. Nach vier Jahren und bestandenem Studienabschluss wurde er zum Direktor des Waisenhauses ernannt. In der neuen Position befand er sich in derselben Lage, wie zu Beginn seiner Arbeit als Schichtleiter. Nun galt es, die Unterschlagungen der Mitarbeiter vollständig zu unterbinden. Die Jungen standen dabei auf der Seite des neuen Chefs. Sie traten in den Streik, wenn sie die vorgeschriebenen Leistungen nicht erhielten. Vieles konnte so durchgesetzt werden. Rezwan war derart ‚erfolgreich', dass ihm vom Ministerium die Organisation der Teheraner Friedhöfe angetragen wurde. Dort konnte er mehr Geld verdienen, musste aber als Strafe über fünf Stunden täglich bis zu seiner neue Stelle pendeln.

Zwei Jahre waren zu diesem Zeitpunkt seit der Revolution verstrichen. Wo vorher glatte Gesichter in den Ministerien zu sehen waren, hatten jetzt die Bärtigen das Sagen. Die Veränderung allerdings war nur äußerlich. Die Beamten der Schah-Zeit hatten sich lediglich hinter den Bärten versteckt.

Obwohl Rezwan nun für die Toten Teherans zuständig war, wandten sich seine ehemaligen Zöglinge noch immer an ihn. Auch als Leiter des Friedhofsamtes gelang es ihm noch, Korruptionsaffären in den Waisenhäusern aufzudecken, und so den Jungen bei der Verteidigung ihrer Rechte zu helfen. Und Rezwans jungen Freunden gelang es, Fotos aus der Zeit des Schah zu besorgen, auf denen seine Vorgesetzten in kompromittierenden Situationen zu sehen waren, bis hinauf zu

Premierminister Howeida. „Una mano lava la otra" – „Eine Hand wäscht die andere": Mit diesem Material konnte Rezwan seine Vorgesetzten in Schach halten. Diese jedoch setzten zum Gegenzug an und bedrohten ihn mit anonymen Anrufen und Schmähbriefen. Trotz vieler Warnungen setzte Rezwan das Spiel fort, aus dem jederzeit bitterer Ernst werden konnte. Er war sich seiner Stärke bewusst und vertraute auf Gott.

Rezwan hatte aber auch eine Schwäche aus seiner Jugendzeit auf dem Land nach Teheran mitgebracht: die Jagd. Eines Tages rief ein Freund Rezwan an und lud ihn zu einem Jagdausflug am Wochenende ein. Er konnte nicht widerstehen und sagte zu. Rezwan sollte Obst und Getränke mitbringen, der Freund Sayed Reza würde den Rest besorgen. Als Rezwan sich am vereinbarten Treffpunkt einfand, war Sayed Reza bereits mit seinem Mofa da. Beide fuhren bis zur Endhaltestelle mit dem Bus, weit außerhalb Teherans. Dann setzten sie ihren Weg mit dem Kraftrad fort. Sie erreichten ihr Ziel zwischen einsamen Feldern, stellten das Mofa ab und begaben sich auf die Jagd. Als die Sonne bereits hoch am Himmel brannte, gestand Sayed Reza, dass seine Frau am Vortag keine Zeit gehabt hatte, ein Essen zu bereiten. Er, Sayed Reza, würde jedoch jetzt zurückfahren, um Fladenbrot, Fleisch und Gemüse zu holen. Rezwan hatte genug Obst und Getränke für beide eingepackt und bat den Freund zu bleiben. Sayed Reza aber ließ sich nicht von seinem Vorhaben abbringen.

Er fuhr zurück und kam erst um sechs Uhr abends zurück. Zu diesem Zeitpunkt war Rezwan schon mehrere Stunden tot. Sayed Reza fand ihn mit dem Gesicht nach unten im knietiefen Wasser am Ufer eines kleinen Tümpels. Es gelang Sayed Reza nicht, den Leichnam allein zu bergen. Er fuhr ins nahe Dorf und verständigte den Ortsgendarmen. Die Leiche Rezwans wurde zuerst auf die Wache gebracht und von dort nach Teheran zum Zentralfriedhof überführt. Sayed Reza begleitete die Leiche seines Freundes, um sie ordnungsgemäß abzuliefern.

Erst am nächsten Tag gelang es Rezwans Frau nach langer Suche, herauszufinden, dass ihr Mann auf dem kurzen Jagdausflug in einem Tümpel ertränkt worden war! Ein Anruf bei Sayed Reza gab endlich Aufschluss über den Verbleib ihres Gatten. So schnell als möglich begaben sich Rezwans Frau und die Angehörigen zum Friedhof, konnten aber den Toten anfangs nicht finden. Erst nach einigem Suchen stießen sie auf die Leiche Rezwans. Er war an seiner früheren Arbeitsstelle als unbekannt klassifiziert worden. Rezwan aber, das wusste seine Frau, trug immer, selbst auf dem kurzen Jagdausflug, Dienst- und Personalpapiere bei sich. So fanden die Angehörigen bei dem Toten auch die Ausweise. Man wollte ihn offensichtlich als ‚unbekannt' begraben, um eine eventuelle Untersuchung und die daraus folgenden rechtlichen Ansprüche verhindern.

Die Familie Rezwans begann dennoch, den Fall weiter zu verfolgen. Die Umstände seines Todes waren zu mysteriös. Anfragen bei der Friedhofsverwaltung stießen auf Ausflüchte und Schweigen. Der Leiter des Friedhofes, die Mullahs und ehemalige Kollegen aus dem Waisenhaus, die beim Eintreffen der Familie bereits anwesend waren, rieten von einer weiteren

Untersuchung ab. Die Familie aber ließ nicht locker. Eine Obduktion wurde angeordnet. Der Vertrauensarzt der Familie wurde aber für diese Aufgabe nicht zugelassen. Die Friedhofsverwaltung berief einen ihrer eigenen Ärzte, der eine natürliche(!) Todesursache durch Verstopfung der Atemwege und Lungen mit Schlamm feststellte. Abschürfungen am Rücken der Leiche wurden durch den Transport in die Leichenhalle erklärt, seine heraushängende Zunge, die ein Indiz für den Versuch starken Einatmens war, wurde im Obduktionsbericht gar nicht erwähnt.

Eine weitere Spur wurde in Bezug auf seinen Freund Sayed Reza verfolgt, der auf die dringlichen Anträge unserer Familie und wegen der erdrückenden Verdachtsmomente in Untersuchungshaft genommen wurde. Mein ältester Bruder Jusef engagierte einen Rechtsanwalt, um dem Fall auf den schlammigen Grund zu gehen. Der Anwalt konnte rasch feststellen, dass der Untersuchungshäftling Sayed Reza häufigen und längeren Besuch von seinen Kollegen, darunter auch die Mullahs vom Friedhofsamt empfangen hatte. Die Fragen des Anwalts an Sayed Reza brachten keinen Aufschluss. „Meine Kollegen besuchen mich eben", antwortete der Häftling. Bereits nach zwei Tagen wurde Sayed Reza dann entlassen.

Die Familie Rezwans bat den Anwalt, den Fall trotz aller Widerstände weiter zu verfolgen. Dieser aber konnte nun ebenfalls von anonymen Drohungen berichten und weigerte sich, tiefer in den mörderischen Filz einzudringen.

BRÜCKENBAU AUF TÖNERNEN FÜSSEN

Sie haben ihre Hände an mein ganzes Leben gelegt; so mag es sich denn aufrichten und ihnen entgegentreten.

Georges Jacques Danton

Unverhofft kommt oft, Misserfolge wie Erfolge und immer neue Gelegenheiten, beides zu erreichen. Die Hühnerzucht hatte sich als Misserfolg erwiesen. Eine neue Chance brachte der Besuch Sinas mit sich, eines alten Bekannten der Familie anlässlich der Geburt meines ersten Sohnes. Ich erzählte ihm von meiner Arbeitslosigkeit und der missglückten Hühnerzucht, worauf Sina das Angebot machte, mir Arbeit zu beschaffen. Allerdings sollte ich dabei als einfacher Arbeiter auf dem Bau eingesetzt werden.

Tatsächlich erschien Sina nach Ablauf einer Woche. Ich würde als Bauhelfer bei einer Firma namens MKB arbeiten, die in der Wüstenstadt Qom ein Brückenprojekt durchführte. Der Ort befindet sich etwa 40 Kilometer südlich von Teheran. Dort liegen die großen Schulen der Ayatollahs, wo die Mullahs ausgebildet werden. Das Einzige, was ich mir unter dieser Stadt vorstellen konnte, die mitten in der Wüste liegt, waren Staubwirbel und Salzseen. So war es dort dann auch. Ich fuhr also mit Sina, der dort als Vorarbeiter unter Vertrag stand, zum neuen Arbeitsplatz, mit dem eine neue Zukunft für mich beginnen sollte. In diese Zukunft sollte ich, so Sina, nichts anderes als eine Decke mitbringen. Der Rest werde sich dann ergeben.

Für meine Familie war diese berufliche Veränderung natürlich nicht gut. Meine Frau musste mit dem neugeborenen Kind zurückbleiben. Wir würden uns wochen-, ja monatelang nicht sehen. Aber es war eine neue Chance, die besser war als das unwürdige Nichts, in dem wir bis dahin zu leben hatten.

In Qom auf der Baustelle angekommen, wurde ich

meinen neuen Kollegen vorgestellt. Es waren vier von der Firma MKB und etwa vierzig vom Dschihad. Dieser war der staatlicher Träger des Projekts und zugleich am Bau des Fundaments und der Pfeilen der Brücke beteiligt. MKB war ein privater Subunternehmer, verantwortlich für restlichen Teil des Projekts. Dann ging es in die Unterkünfte, die für die nächsten Monate meine Zuhause sein sollten. Sina führte mich in eine Werkhalle, die ganz aus Betonplatten gefertigt war. Die Halle war etwa zwanzig Meter lang und vier Meter breit. Sie hatte wohl vor nicht allzu langer Zeit zum Lackieren von Fahrzeugen gedient. Nun wurde sie als Schlafsaal genutzt, denn zu beiden Seiten längs des Ganges waren kleine schmutzige, lackverspritzte Verschläge eingebaut. Das also war meine neue Unterkunft. Platz gab es genug, denn außer mir logierte dort niemand. Die anderen Kollegen von der Firma MKB gingen nach vollbrachter Arbeit wieder in ihr Dorf, das ganz in der Nähe lag.

Es dämmerte schon und Sina ließ mich allein in dem trostlosen Bunker zurück. Ich war so verblüfft, dass ich nichts zu sagen wusste. Mein Bett war aus vier Betonklötzen und einigen Brettern gefertigt. Noch schlimmer war die Kälte, die bald überall an mir zog. Verzweifelt und übermüdet ging ich hinaus, sammelte einige Kohlestücke ein, die ich vorher dort herumliegen gesehen hatte, und machte mir in meinem Logis ein kleines Feuer. Einschlafen konnte aber nicht angesichts der Gefahr, an Kohlenmonoxid sanft zu ersticken.

Auch der folgende Morgen brachte keine Besserung in meiner isolierten Lage. Niemand kam und ich fand auch niemanden, der mir Anweisungen geben konnte. Die Leute vom Dschihad arbeiteten an einem entfernteren Teil der Brücke, und meine Kollegen, die weder lesen noch schreiben konnten, erwarteten offensichtlich Anweisungen von mir. Aber was hätte ich ihnen sagen sollen? Es war mein erster Tag auf einer Baustelle. Ich hatte also genug Zeit, setzte mich in eine Ecke und war in Gedanken bei meiner Frau und meinem kleinen Jungen, die nun hofften, dass ich endlich etwas Geld verdienen würde. Nun hockte ich hier, verlassen auf einer einsamen Baustelle mitten in der Wüste.

Nach zwei Tagen schallte eine mächtige Bassstimme durch meinen Bunker. Es war der Mehmar, ein Vorarbeiter des Dschihad, ausgestattet mit weitreichenden Kenntnissen und Befugnissen. Er fragte mich, warum ich hier herumsäße und forderte mich auf, mit ihm zu kommen. Er führte mich zu den Unterkünften des Dschihad, dessen Arbeiter dort Teppiche, Fernseher und andere Annehmlichkeiten hatten. Er zeigte mir auch die ausrangierten, verdreckten Eisenbahnwaggons, in denen die Arbeiter der Firma MKB und des Dschihad speisen sollten. Die Waggons waren so klein, dass dort gleichzeitig nur etwa zehn Arbeiter ihre Mahlzeiten einnehmen konnten. Herd und Töpfe in der Küche waren mit einer schwarzen, klebrigen Schicht überzogen. Kakerlaken tummelten sich in allen Ecken, und die Spültücher waren sicher nicht nur von der Sonne gebräunt. Drei Monate ertrug ich das Essen in dieser Hexenküche.

Während er mir das Gelände zeigte, befragte mich der Mehmar, aus welchen Gründen es mich auf diese

Baustelle verschlagen hätte. Ich hielt mich nicht zurück, erzählte ihm, dass ich ausgebildeter Pädagoge sei, aber aufgrund meiner Ansichten über den Islam und die neue Regierung keine andere Arbeit gefunden hätte. Da lachte er und fragte mich, ob ich glaube, dass die Männer des Dschihad alle strenggläubige Moslems seien. Mehmar gab mir dann eine kleine Einführung in die Arbeit seines Trupps insbesondere sowie über die Arbeit im Stahlbeton- und Brückenbau im Allgemeinen. Er hatte fundierte Kenntnisse und wusste diese verständlich darzustellen, obwohl er gerade einmal sechs Jahre die Schule besucht hatte. Er hatte vom Leben gelernt und weder Pädagogen noch Mullahs benötigt, um sein Handwerk zu verstehen. Nun wusste ich auch, warum ich bisher nicht arbeiten durfte. Die Firma MKB sollte laut Vertrag nur die Träger fertigen. Da aber die Männer des Dschihad bisher weder Fundament noch Pfeiler fertiggestellt hatten, war ich weiter zur Untätigkeit verdammt.

Trotzdem oder gerade deswegen kaufte ich mir zwei Lehrbücher zum Brückenbau, in denen ich mich genauer informierte. Da ich nur etwa zwei Stunden am Tag zu tun hatte, konnte ich in aller Ruhe die Arbeiter des Dschihad bei ihrer Tätigkeit beobachten, so konnte ich neben der Theorie auch deren Umsetzung in der Praxis beobachten. Auch am Steuer eines Baggers des Dschihad habe ich mich heimlich versucht, ohne überhaupt einen Führerschein zu besitzen. Das wurde jedoch entdeckt und ich musste meine ‚private Fahrschule' abbrechen.

Alle zwei Wochen war es mir möglich, meine Frau

und meinen Sohn zu besuchen. Allerdings hatte ich dazu nur etwa einen Tag Zeit. So fuhr ich am Donnerstagnachmittag um vier Uhr los, denn im Iran gilt der Freitag als Wochenende. Ich dann kam am folgenden Tag um zwei Uhr morgens zuhause an und musste mich bereits um zehn Uhr abends wieder auf den Rückweg machen. Ich saß also zwanzig Stunden im Bus, um etwa dieselbe Zeitspanne bei meiner Familie zu verbringen.

Mit der Zeit fand ich auch Kontakt zu den Arbeitern des Dschihad. Diese waren keineswegs gläubige Moslems, dafür umso bessere Schauspieler. Mit dem Ingenieur Azadian vom Dschihad entwickelte sich so etwas wie eine Freundschaft, und bald lud er mich in sein Haus ein. Ich war erstaunt, dort einen Videorekorder und westliche Filme zu sehen. Was den Alkohol betraf, war Herr Azadian strenger. So etwas gab es in seinem Haus nicht. Das hatte er auch gar nicht nötig. Er hatte sich nämlich mit einem Freund eine richtige Opiumhöhle eingerichtet.

Gemessen an diesem Vorlauf war die einfache und harte Arbeit auf der Baustelle, die nun langsam in Gang kam, eine regelrechte Befreiung. Auch Frühling und Sommer, die sogar in der Wüste um Qom Einzug hielten, machten das Leben nicht erträglicher, denn ich musste noch immer in meinem Verschlag nächtigen. Meiner Frau schrieb und sagte ich von alldem nichts. Sie hätte mir doch nur Vorwürfe gemacht und mich einen arbeitsscheuen Drückeberger gescholten. Nach vier Monaten hatte der Dschihad die Arbeit am Brückenfundament endlich abgeschlossen und Hossein, der Schweißer der Firma MKB, hatte die Formen für die Träger fertiggestellt. Schnell wurde ich mit ihm und seinem Freund bekannt, die als neue Mitarbeiter aus Teheran auf die Baustelle gekommen waren. Sofort nach ihrer Ankunft forderten sie eine Wohnung, da sie nicht in einem Schweinekoben wie meinem schlafen wollten. Darüber gab es keine Diskussionen, die Firma stellte ihnen sofort eine angemessene Unterkunft zur Verfügung. Jetzt ging es mit der Arbeit richtig los. Kurz nach Hossein trafen ein Ingenieur, ein Techniker und mehrere Stahlbetonbauer ein. Auch die wurden ordnungsgemäß untergebracht, und schließlich bot mir Sina an, in sein Appartment einzuziehen. Denn bewohnte schon seit einiger Zeit ein zweistöckiges Appartment ganz allein.

Eines Tages kam Sina, der auch oft auf anderen Baustellen eingesetzt wurde, gar nicht mehr zur Arbeit. Mansouri, der Besitzer der Firma, teilte mir kurz darauf mit, dass Sina einen Herzinfarkt erlitten hatte. Er gab mir seine Privatnummer und die Telefonnummer der Firma in Teheran. Dort konnte ich fehlendes Material bestellen und mich bei wichtigen Entscheidungen melden.

Zum ersten Mal seit langem machte mir die Arbeit wieder richtig Spaß. Ich bezog mein erstes festes Gehalt, das mich auf das Einkommensniveau meiner Frau anhob. Außerdem konnte ich mich ganz auf meine Tätigkeit auf der Baustelle konzentrieren. Die finanzielle Verantwortung lag bei der Firma, die mich auch regelmäßig bezahlte. Mehrere Monate konnte ich fortan meine Zuverlässigkeit unter Beweis stellen.

Das fiel Mansouri natürlich auf. Er bat mich zu einem Gespräch und fragte mich, ob mir meine Arbeit gefalle, wie ich mich denn so fühlte und dergleichen mehr. Die Fragen waren rein rhetorisch, denn die Arbeit gefiel mir ganz offensichtlich gut und ich war auch nicht abgeneigt, größere Verantwortung zu übernehmen. Und so ernannte er mich kurzerhand zum Leiter des Projekts. Er übergab mir weitreichende finanzielle Vollmachten und fast uneingeschränkte Entscheidungsbefugnis für die Arbeit auf der Baustelle.

Meine Überraschung und meine Freude nach dieser raschen Beförderung waren natürlich groß. Endlich wusste ich, dass ich kein Versager war. Ich stürzte mich in die Arbeit, die sicher die Kraft eines einzelnen Mannes fast überstieg. Oft musste ich, nachdem meine Leute schon lange vor dem Fernseher saßen, noch Lohnabrechnungen schreiben und Verwaltungsarbeit im Büro erledigen. Aber wohin sollte ich meine Kräfte sonst lenken mitten in der Wüste.

Alle zwei oder drei Tage telefonierte ich mit meiner Frau. Die Distanz zwischen uns aber blieb. Das lag nicht nur durch an der großen Entfernung. Sie beschwerte sich über die langen Zeiten meiner Abwesenheit. Ich war auch nicht glücklich über die gegenwärtige Situation und wusste wohl, dass die Versetzung einer Lehrerin nicht von heute auf morgen möglich war. Ebenso wenig konnte ich mir vorstellen, dass eine Frau in der Umgebung von Qom aufblühen würde. Trotz alledem wollte ich ihr einen Weg zu mir bahnen. Ich bot ihr also an, in die erste Etage meines Appartements zu ziehen. Finanziell würde es ohnehin keine Probleme geben, selbst wenn sie nicht mehr in ihrem Beruf würde arbeiten können. Ihre Reaktion war stärker als erwartet, auf einer Baustelle wollte sie weder leben noch unser Kind aufwachsen lassen. Was für mich ein Entgegenkommen war, erschien ihr als Rückschritt. Nach diesem Gespräch weitete sich die Kluft zwischen uns noch mehr aus.

Eine Brücke nach Hause konnte nun selbst während meiner Besuche nicht mehr geschlagen werden. Ich hatte gelernt, eine Brücke in der Wüste zu bauen, dasselbe war mir in der Beziehung zu meiner eigenen Frau unmöglich geworden. Was sollte ich tun? Zurückkehren und mich wieder zum Versager abstempeln lassen? Oder sollte ich in Qom bleiben, die Brücke bauen und damit die Verbindung zu meiner Frau langsam, aber sicher weiter demontieren?

Dessen ungeachtet verbesserte sich meine Zusammenarbeit mit Mansouri zusehends. Wir telefonierten täglich, sprachen über das Projekt; dennoch konnte ich nicht so frei arbeiten, wie ich wollte, da mir fast kein Geld zur Verfügung stand. Ich aß also an einer Imbissbude, weil ich dort bekannt war und anschreiben lassen konnte. Baumaterial wurde mir jedoch nicht geliefert. Die Firmen hatten meinen Namen noch nie gehört und weigerten sich, mich ohne Sicherheiten zu beliefern. Unweigerlich wurde das Material knapp. Ich zögerte nicht lange und wandte mich an den Dschihad, dessen Lager stets übervoll war. Azadian, der Ingenieur des Dschihad, weigerte sich und beschied mich mit der subtilen Andeutung: „Du hast uns ja noch nie zum Essen eingeladen." Das war es also. Ich hatte zwar keine

Übung im Bestechen, aber als die Lagerarbeiter die Fettaugen auf dem Abguscht sahen, drückten sie die ihren zu, und ich konnte mich nach Herzenslust aus den Beständen des Dschihad bedienen. Für mich war das ein Indiz für die schleichende, zwangsläufige Veränderung meines Charakters.

Mansouri bestand darauf, im ersten Versuch die Betonträger als Zwischenglieder zwischen den Pfeilern herzustellen. Die Betonvibriermaschinen, die dazu benötigt wurden, waren sehr schwach. Mansouri lehnte die Anschaffung neuer, leistungsfähigerer Modelle jedoch ab. Außerdem fehlte uns ein Betonmischer, den ich schnell und unbürokratisch zu beschaffen gedachte. Wieder war Azadian mein Ansprechpartner. „Du weißt: Tust du etwas für uns, tun wir auch etwas für dich." Das kannte ich schon. Dem Fahrer des Betonmischers vom Dschihad wurden 2 000 Tuman zugesteckt und am nächsten Tag meldete er sich zur Arbeit. Er versicherte mir beflissen, dass er gerne auch in Zukunft für mich arbeiten würde und hinterließ mir mehrere Telefonnummern, unter denen er ständig zu erreichen war. Ich sollte hier noch anmerken, dass es mich im Normalfall etwa 6 000 Tuman gekostet hätte, einen Betonmischer samt Fahrer zu mieten. Ähnlich verhielt es sich mit dem übrigen Material. So erstand ich einen Haken für einen Kran im Lager des Dschihad zum Spottpreis von 300 Tuman, für den ich regulär 10 000 Tuman bezahlt hätte.

Die Möglichkeiten Spesen zu hinterziehen, erschöpften sich keineswegs beim Material. Auf der Baustelle war ein reges Kommen und Gehen, man kann sich unschwer vorstellen, welche Bewirtung und Übernachtungskosten ich hätte geltend machen können.

Die Brückenbaustelle in der Wüste bei Qom

Bald wusste ich, dass Unterschlagung und Bestechung hier zum gängigen Geschäftsgebaren gehörten. Selbst der Besitzer des Kebabstands stellte mir zum Monatsende überhöhte Rechnungen aus. Er wusste, dass meine Firma bezahlte. Ich wusste das auch, aber da sein Kebab besser war als die schwarze Suppe aus dem Eisenbahnwaggon der MKB beließen wir es dabei.

Die Form für die Träger war mittlerweile gefüllt. Während der Zeit des Trocknens gab es nicht viel zu tun, und ich fuhr nach Hause. Als ich nach drei Tagen zurückkehrte, empfing mich ein kleines, grauhaariges

Männchen mit einer Zahnlücke, dem ständig die Nase lief. Das war Nasiri, der Vetter Mansouris. Er gab vor, schon Jahrzehnte im Baugeschäft gearbeitet zu haben und begann sich bald in sämtliche Angelegenheiten einzumischen, obwohl er mir lediglich zur Unterstützung zugeteilt war. Er mäkelte an den Entscheidungen der Kontrolleure herum und machte mir Vorwürfe, dass ich gegenüber diesen Menschen viel zu nachgiebig sei. So etwas würde bei ihm nicht vorkommen.

Die Kontrolleure, ein Ingenieur und ein Techniker, der schon zwei Jahre Gefängnis hinter sich hatte, erwiesen sich natürlich als kompetente Fachleute. Sie erklärten mir die wichtigsten Sicherheitsvorkehrungen und rieten mir zum Kauf einer preiswerten Betonvibriermaschine, die schließlich auch angeschafft wurde und gute Dienste leistete. Den Techniker versuchte ich, vorsorglich zu bestechen. Ein als defekt reklamierter Träger konnte uns Millionen kosten. Er aber nahm kein Geld. Ich durfte ihm etwas Öl liefern, das er zum Heizen seines Hauses benötigte, was er umgehend bezahlte. Dieser Mann war gläubiger Moslem und konnte es nicht mit seinem Glauben vereinbaren, Bestechungen anzunehmen.

Nasiri aber versuchte überall, seinen Einfluss geltend zu machen. Auch als Arbeiter einzustellen waren, wollte er mich bevormunden. Als Mansouri einmal geschäftlich verreisen musste, riss er alle Rechte auf der Baustelle an sich und bestimmte willkürlich, dass der zweite Träger nicht produziert werden sollte, obwohl die Arbeit am ersten ohne Probleme vonstattengegangen war. Seine Absicht war, den Fortgang soweit zu verzögern, dass mir als Vorarbeiter später die Schuld zugeschrieben werden konnte.

In dieser Zeit sollte auch jemand nach Teheran fahren, um zu rechtfertigen, warum bei der Herstellung des ersten Trägers kein Test- und Belastungsmodell angefertigt worden war. Ich hatte von dieser Sicherheitsvorschrift nichts gewusst, und natürlich freute sich Nasiri wegen meines Versagens. Er übernahm also die Reise zur Firma in die Hauptstadt, und ich konnte in der Zeit seiner Abwesenheit endlich aufatmen. Trotz Nasiris Verbot, den zweiten Träger fertig zu stellen, hielt ich die Arbeiter jetzt dazu an und versprach ihnen, dass sie sofort nach dessen Fertigstellung nach Hause gehen könnten, und gewährte ihnen zwei Freistunden zusätzlich. Sie fingen sofort mit der Arbeit an. Der Beton war schon am Trocknen als Nasiri zurückkehrte und sofort vor Wut losschrie. Über mich ergossen sich wüste Drohungen, und Nasiri sparte nicht mit Flüchen.

Schlimmer aber war für mich das Problem mit der Finanzierung des Nachschubs, denn für die weitere Beschaffung von Material hatte ich nur wenig Geld zur Verfügung, und so hatten die liefernden Firmen den Zeitpunkt der Auslieferung in der Hand. Als manche Geschäftsführer merkten, dass die Lage so eng war, fürchteten sie eigenen Verlust und begannen auch Druck auf mich auszuüben.

So kam einmal der Leiter einer Firma, die uns Kräne vermietet hatte, ins Büro und bestand auf sofortiger Zahlung der noch ausstehenden Schulden. Ich konnte ihm nur antworten, dass ich die Schulden begleichen würde. Aber als Hüter einer leeren Kasse war mir dies unmöglich. Unser Gläubiger wunderte sich und sagte: „Warum denkst du nicht mal an dich? Dein Chef feuert dich, wenn die Arbeit nicht gut läuft, was tust du dann? Er bot mir darauf ein Geschäft an. Ich sollte nur noch Kräne bei ihm anmieten und für zwei Stunden tatsächlich geleisteter Arbeit fünf berechnen. Dafür würde er meiner Firma sämtliche Schulden erlassen, die ich sodann auf mein Konto buchen dürfe. Auch die zusätzlich notierten Stunden sollten sich in Tuman verwandeln, die aus der Firmenkasse direkt in meine Taschen wandern würden." Das musste ich ablehnen.

Unterdessen inspizierte der großmütige Gläubiger das Firmengelände und bemerkte die großen Mengen an Eisen, Stahl und anderem Rohmaterial, die dort noch auf spätere Verwendung warteten. „Warum verkaufst du den Schrott nicht? Ich kenne jemanden, der sich mit dem Zeug eine goldene Nase verdient." Ich ging nicht näher auf dieses seltsame Angebot ein. Wir trennten uns schließlich, ohne Genaueres zu vereinbaren. Jedes Mal, wenn der Chef des Kranverleihs später auf unserer Baustelle einen Auftrag ausführte, wiederholte er das Angebot. Ich ging schließlich darauf ein, verbuchte die ‚Überstunden' jedoch als Bonus des Kranverleihs, der meiner Firma zugutekommen sollte.

In anderen Fällen, bei denen ich nicht direkt profitierte, war ich weniger streng. Hossein, dem Schweißer, dessen Lohn sicher zu knapp bemessen war, erlaubte ich, zum Bau seines Hauses Material und Geräte zu ‚entleihen'. Heute bereue ich es nicht, nicht besser für mich gesorgt zu haben. Aber ich war wohl der einzige

Vorarbeiter, der ehrlich abrechnete. Das hat mir nichts genützt und zudem meinen Kollegen geschadet, deren Rechnungen stets höher als die meinen ausfielen. Unbestechlich zu sein ist auch eine Schwäche, ich hatte dadurch oft genug Streit.

Ich frage mich, was höher zu bemessen ist, materieller Gewinn, der ehrlich erworben wurde, oder Kollegialität und sogar Freundschaft, auch wenn sie aus gemeinsamer Schurkerei besteht? Ich konnte mir selbst nicht erklären, warum ich mich dieser Moral unterwarf, so korrekt sie auch sein mochte. Ich wurde nicht glücklicher, besonders da ich mich oft genug der Menschen erinnerte, die durch ihre eiserne Unbestechlichkeit im Sumpf der Korruption versinken mussten. Warum ich ehrlich selbst blieb, kann ich letztendlich nicht sagen. Vielleicht spürte ich damals unterbewusst, dass weder mir noch sonst irgendjemandem derart viel Geld überhaupt zustand, ohne dass man eine adäquate Gegenleistung zu erbringen hatte.

Auf einem Urlaub bei meiner Familie sprach ich mit meiner Frau über diesen inneren Konflikt. Die Konsequenz stand für mich fest. Ich würde nicht betrügen. Aber wenn wir mehr Geld benötigten, um glücklicher und zufriedener zu sein, dann musste ich eben mehr arbeiten: Überstunden machen, jede anfallende Aufgabe übernehmen. Das bedeutete für mich nach dem regulären Arbeitstag noch Ausfüllen von Formularen, Abrechnung der Löhne und Rundgänge über die in der Nacht leere Baustelle. Mit den Rundgängen hatte es übrigens eine besondere Bewandtnis. Die Wächter schlummerten meist tief und fest. Dieben wurde das Material zur Selbstbedienung offen präsentiert. So musste ich zur Disziplinierung meiner Arbeiter Maßnahmen ergreifen. Einem, der vorgab, immer zu wachen, zog ich, als er ganz in süßer Nacht im Schlaf lustwandelte, die Schuhe aus. Auf Morpheus' Pfaden schritt der nun für einige Zeit nicht mehr.

Gelegentlich wurde noch nachts Zement angefahren, dessen Lieferung sich oft durch Staus verzögerte. Auch dann war ich zur Stelle, während meine Kollegen schliefen. Diesen Luxus konnte ich mir nicht leisten. Ich brauchte Geld. Wie besessen trieb ich die Arbeit voran. Einmal mussten wir Starkstromkabel verlegen. Eine Straße blockierte dabei den Weg des Kabels. Darauf sperrten wir in der Nacht den Abschnitt, schütteten kurzerhand Benzin über die Straße, zündeten es an und drückten die Kabel in den weichen Teer. Dann strichen wir den Asphalt wieder glatt. Hätten wir uns von Anträgen und dergleichen aufhalten lassen sollen? Das wäre unnötiger Papier- und Zeitverlust gewesen!

Pro Woche stellten wir einen Träger her. Das war Mansouri zu wenig. Jede Mehrproduktion sollte uns, Hossein und mir, direkt vergütet werden. Hossein wollte sich dieses Angebot schriftlich zusichern lassen. Ich konnte ihn beschwichtigen, denn ich glaubte an das Ehrenwort Mansouris. Wir arbeiteten noch mehr, noch schneller, noch länger, bis zu zwanzig Stunden am Tag. Wir beschleunigten den Prozess des Trocknens durch die Installation riesiger Heizstäbe. Die Arbeit an den Trägern bedurfte nur der Kontrolle auf drei Produktionsstufen: beim Gerüstbau, beim Gießen und beim Heizen. Die Heizung musste 18 bis 24 Stunden am Tag arbeiten. Mit der Zeit wurde das elektronische Kontrollauge der Heizstäbe rußig. Es konnte die Regelung nicht mehr steuern. Eine Reparatur hätte zu viel Zeit beansprucht. Darum beauftragte ich einen Arbeiter nur mit der Beobachtung der Heizstäbe. Immer war ich da, wenn Öl fehlte, das Wasser ausging oder Nachschub bestellt wurden musste.

In einer kalten Winternacht verhielt sich die Heizung besonders launisch. Ich beauftragte den Arbeiter Ali mit der Reparatur. Danach beschloss ich, die Beobachtung der Maschine selbst zu übernehmen, ich setzte mich auf eine Holzkiste, lauschte dem Zischen des Dampfes und ließ mich vom sanften Tanz der still fallenden Schneeflocken in eine Traumwelt entführen. Plötzlich wurde es mir heiß, und immer heißer, an den Füßen. Ich riss die Augen auf, sah um mich und bemerkte einen der Wächter, der zu meinen Füßen ein Feuer entzündet hatte. Er fürchtete, dass ich erfrieren würde und wagte es doch nicht, mich, seinen Vorgesetzten, zu wecken. Ich fragte ihn, warum er das getan habe, und er antwortete: „Gu-re-Pedar-e-Schan! Zur Hölle! Wer hat dich nur in diese Lage gebracht?" Denn ich hatte die Arbeiter für diese Aufgabe in zwei Schichten eingeteilt. Und ich selbst beaufsichtigte beide Schichten.

Meine Frau teilte mir eines Tages mit, dass ihr Bruder schon seit längerer Zeit Arbeit suche. Ich war bereit, ihn einzustellen und teilte ihn den Kontrolleuren zu. Er hatte sicher nicht die schwierigste Tätigkeit, gab aber nach zwei Wochen auf. Die Bedingungen erschienen ihm als zu hart. Wieder nach Hause zurückgekehrt, berichtete er meiner Frau vom Alltag auf der Baustelle, auch dass ich mich bei der Arbeit total verausgaben würde. Das war richtig. Aber warum arbeitete ich wie ein Diwane? Ich musste ja irgendwie Geld verdienen. Ich konnte bei der Arbeit meine Probleme vergessen und mir beweisen, dass die Zeiten früherer Untätigkeit nicht durch mich, sondern durch die Zustände im Iran bedingt waren.

Durch meine Position und die mit ihr verbundenen Vollmachten war es mir möglich, den Arbeitern einige Vergünstigungen anzubieten. Über Mehrarbeit, also Überstunden, durften die Arbeiter selbst bestimmen und bei wichtigen Anlässen gab ich meinen Leuten sogar bezahlten Urlaub. Leider war es mir jedoch nie möglich, den Lohn pünktlich auszuzahlen. Umgekehrt überschätzten die Arbeiter meine Stellung. Als es wieder zu Verzögerungen bei der Lohnauszahlung kam, begannen die Arbeiter zu streiken. Sofort verständigte ich Mansouri, der nach kurzer Zeit auf der Baustelle eintraf und die Arbeiter beschwichtigte. Mansouri war sehr freundlich zu ihnen und schob die Schuld auf die schlechte Zahlungsmoral des Dschihad, von dem Mansouri das Geld bezog. Nach kurzer Diskussion gingen sie wieder an die Arbeit. Das überzeugte sie, mich aber nicht.

Als Mansouri wieder verschwunden war, stellte ich die Männer zur Rede. Ich sagte den Arbeitern, dass mit diesem kurzen Aufstand das Problem nicht gelöst sei. Wie würden die Arbeiter nächste Woche reagieren? Darauf trat ein dicker, öliger Arbeiter mit wichtigem Gebaren an mich heran. „Du hast gesagt, das war nichts, he!" Er dünstete nach Knoblauch und Schweiß. „Du sagst, dass wir länger streiken sollten, was!" Schiri so hieß der glitschige Kerl, war mir schon vorher durch die Unterschlagung größerer Mengen von Zement aufgefallen. „Das melden wir Mansouri, du Spaltzunge." Ich blieb gelassen und bei dem eben Gesagten. Die anderen Arbeiter verhielten sich ebenfalls ruhig und sogar abweisend gegenüber Schiri. Der nächste Streik erwies sich wieder als unbedeutend. Auch später gelang es den Arbeitern nicht, sich effektiver zu organisieren.

ZUSAMMENBRUCH

Des Menschen grausamster Feind ist der Mensch.

Johann Gottlieb Fichte

Mein Aussehen gab auf der Baustelle oft Anlass zu Missverständnissen. Ich sah aus wie eine kleine Bohnenstange, mein ruheloses Wesen und mein hageres Gesicht trugen dazu bei, mich in den Ruf eines Opiumsüchtigen zu bringen. An den unzähligen Kontrollstationen der Pasdaran musste ich mich stets länger als nötig aufhalten. Mein Gepäck wurde bis in die kleinsten Falten hinein untersucht. Aber jedes Mal gingen die Revolutionswächter leer aus. Die Pfeifchen blieben kalt.

Eines Nachts, ich war gerade mit dem Bus in Bandaranzali angekommen und lief durch die einsamen Straßen der Stadt nach Hause, verstellten mir zwei Männer den Weg durch eine Gasse. Ihre Mienen waren der späten Stunde angemessen und finster. Ich hatte keine Möglichkeit auszuweichen und bemerkte nun auch hinter mir Bewegung. Noch zwei Männer schnitten mir den Rückzug ab. Alle trugen den Gefechtsanzug der Pasdaran. Die Männer in meinem Rücken hielten ihre Kalaschnikows entsichert im Anschlag:

„Wer bist du?" Ich sagte ihnen ohne zu fragen, wer sie seien, meinen Namen. „Wohnst du hier?" – „Natürlich, genau zwei Straßen weiter. Kommt doch mit. Ich zeige euch, wo ich wohne." – „Schon gut!" Einer packte mich am Arm und wirbelte mich mit dem Gesicht zur Wand. „Pfoten hoch!" Ich spürte den Lauf der Kalaschnikow, wurde an die Wand gedrückt und durchsucht. „Kerl, du hast ja gar nichts! Glück für dich." Die Beine wurden mir von hinten weggerissen, ich klatschte aufs Pflaster, erhielt einen Tritt in die Rippen und den Bescheid: „War nur 'ne Routinekontrolle. Bis bald." So war es wirklich. Ironische Zwischentöne sind den dienstbeflissenen Pasdaran fremd.

Ein anderes Mal fragte mich der Ingenieur Azadian vom Dschihad aufgeregt: „Warum hast du nicht beflaggt?“ – „Warum sollte ich?“, fragte ich zurück. „Heute ist der Geburtstag des Propheten Mohammed, salam Allah!“ Ich hatte den Geburtstag des Propheten vergessen. „Einige Männer waren sehr aufgebracht. Pass auf, das darf dir nicht noch mal passieren.“ Er hatte Recht. Ich erinnerte mich einer Szene aus Qom. Ein Leichenzug passierte meine Arbeitskolonne, Ayatollahs, Scheichs und die üblichen Würdenträger vorne weg, dann die Särge der Schohada. Ich ließ weiterarbeiten. Kurze Zeit darauf kam Azadian zu mir: „Ich habe einen Anruf aus Qom bekommen, die Pasdaran.“ Ich war überrascht. Was hatte ich verbrochen? Mit den Pasdaran war nicht zu spaßen. „Du hast die Schohada nicht geehrt. Dein Trupp hat gearbeitet, als die Schohada vorüberzogen. Du musst den Märtyrern des Dschang aleihe Koffar Referenz erweisen!“

Ich schlug all diese Warnungen in den Wind, da ich ohnehin als Regimegegner bekannt war. Bis jetzt hatten meine Äußerungen keine Folgen gehabt. Außerdem mussten die Mullahs froh sein. Die Brücke war Teilstück einer Umgehungsstraße um Qom. Sie sollte den innerstädtischen Verkehr entlasten. So konnte ruhiger gebetet werden. Warum sollte man mich also bedrohen?

Eines Tages ging ich nach Arbeitsende den Weg in die Stadt zu Fuß. Ich hatte erst ein kurzes Stück der staubigen Strecke zurückgelegt, als ein Auto, ein verbeulter Paykan, ein im Iran sehr verbreitetes Automodell, neben mir hielt. Einer der drei Insassen sprach mich aus dem Fond des Wagens an: „Hi. Wir fahren in die Stadt, willst Du mit?“ Ich kannte die drei nicht, aber der Weg in die Stadt war weit. Der Mann, der links auf der Rückbank saß, stieg aus. Sein Gegenüber rückte auf den nun freien Platz, ich setzte mich nach rechts hinten. Der zweite Hintermann umrundete das Auto, drückte sich neben mich und schlug die Tür zu.

Der Fahrer gab Gas, und im selben Moment wurde mir der Kopf brutal zwischen die Knie gedrückt. Nun fuhren wir etwa eine Stunde. Das einzige, was ich wahrnahm, war die Fahrt über immer steinigeres, unebeneres Gelände. Die Stoßdämpfer des Paykan waren nicht gerade federnd. Die unruhige Fahrt setzte mir jedoch weniger zu als das andauernde Schweigen meiner Begleiter. Ich wusste nicht, warum sie mich entführten, wohin wir fuhren und was mit mir geschehen sollte.

Das Schicksal meines Bruders Rezwan stand mir deutlich vor Augen. Endlich fragte mich einer der Männer: „Weißt du, wo wir jetzt sind?“ Natürlich wusste ich das nicht. Die Frage war so überflüssig, wie die ganze Aktion. Kurze Zeit darauf hielten wir. Es war bereits dunkel. Wir stiegen aus. Um uns herum konnte ich im Lichtkegel der Scheinwerfer lediglich vertrockenete Char und die lautlose Finsternis der Wüste wahrnehmen. Hier würde mich niemand finden. Das wussten meine Entführer. Und ich nun auch. Außer einem Kugelschreiber trug ich nichts bei mir. Sie würden mich erschlagen, und ich konnte hier verrotten und die Char düngen. Ich war mir sicher, dass dies die letzten Minuten meines Lebens sein würden, so hatte ich mir mein Lebensende aber nicht vorgestellt.

Ich stand neben dem Auto, dessen Motor gar nicht

erst abgestellt wurde. Einer der Entführer hielt mich fest, einer postierte sich neben uns. Dann erhielt ich einen wuchtigen Schlag auf den Rücken, spürte noch den Stahl eines Messers an meiner Halsschlagader und stürzte auf den trockenen Lehmboden. Gleichzeitig verspürte ich einen reißenden Schmerz im Herzen. Später diagnostizierte auch ein Arzt, dass damals eine der Sehnen meiner Herzklappen, eine ‚Chordae tendineae', aufgerissen war. Unwillkürlich betastete ich meinen Hals, spürte dort aber nichts. Ich rührte mich nicht und war nicht in der Lage, irgendetwas zu denken. „Den haben wir erledigt. Der kommt nicht mehr von hier weg." Darauf stiegen sie wieder ins Auto und fuhren ab. Ich lag da, auf staubiger Erde, bedeckt von grabesschwarzer Finsternis, zerstochen von Pasche. Ich konnte und wollte mich nicht bewegen. Vermutlich stand ich unter Schock.

Da hörte ich plötzlich wieder den Motor des Paykan. Er wurde lauter, kam näher. Was wollten sie denn noch von mir? Ich würde jämmerlich, unter Qualen verdursten. War das denn nicht genug? Das Auto brummte um mich wie ein stählernes Tier, zog eine Schleife und beglotzte mich mit seinen Scheinwerfern. Dann stand es, eine Tür wurde geöffnet. Ich wurde an einer Hand gepackt, hochgezogen und auf die Rückbank gequetscht. Wieder ging es auf dem rostigen Schaukelpferd zurück. Die Schmerzen im Nacken pochten dröhnend gegen meine Schläfen. Ich wurde ohnmächtig, kam wieder zum Bewusstsein, wurde wieder schwach und verwirrt. Schließlich würgte mich eine Hand am Hals, jemand zischte mir ins Ohr: „Halt die

Fresse. Merk's dir. Du weißt, was mit Leuten passiert, die zu viel reden." Dann wurde ich aus dem Wagen geschmissen. Es gelang mir, eine Bushaltestelle zu erreichen. Ich fuhr in meine Wohnung nach Qom. Dort überprüfte ich die schmerzenden Resultate der Entführung vor dem Spiegel, fand aber nur einige Kratzer und einen aufgeschürften Handrücken. Ich blieb über das gesamte Wochenende im Bett, versuchte in ein psychisches Gleichgewicht zu kommen und meine Lage zu analysieren. Am Ende meiner Liegekur beschloss ich, niemandem von dem Ereignis zu erzählen. Auch den Geburtstag des Propheten würde ich mir merken.

Ich versuchte meine Arbeit zu tun, so gut es eben ging. Als ich aber auf dem Büro der Krankenversicherung die Unterlagen meiner Arbeiter besprechen sollte, wurde mir schlecht, ich wurde ohmnächtig und sank vom Stuhl. Der Versicherungsangestellte verständigte darauf sofort einen Notarzt. Nach fünf Minuten traf dieser ein. Er vermutete sofort eine Herzschwäche und stellte mir die üblichen Fragen. Aufgrund der Symptome konnte er jedoch keine klare Diagnose stellen. Er gab mir noch eine Spritze, die den Kreislauf stärken sollte, und ließ mich mit meinem Herzen allein. Ich durfte nun einige Tage in meiner Wohnung auf der Baustelle verbringen. Ich konnte auch gar nicht arbeiten. Mein Elan war gebrochen, mein Selbstvertrauen schwand.

Schließlich nahm ich die Arbeit dennoch wieder auf. Ich hielt aber nur wenige Tage durch. Dann brach ich erneut zusammen. Darüber sprach ich mit Nasiri, dem erschienen meine Probleme jedoch unwichtig.

Ein Teufelskreis begann. Meine physischen Schmerzen lösten Angstzustände aus, die meine körperliche Pein wiederum verstärkten. Von Sina, der mich damals mit auf die Baustelle genommen hatte, wusste ich, dass er bereits einen Herzinfarkt erlitten hatte. Ich wandte mich an ihn und berichtete ihm von meinen Symptomen. Er konnte mir nicht weiterhelfen, aber immerhin gelang es ihm, diese Neuigkeit in Windeseile unter meiner Verwandtschaft zu verbreiten. Ich war froh, dass ich ihm nicht mehr erzählt hatte, und beschloss, von nun an eisern zu schweigen.

Als ich wieder einmal nach Hause fuhr, gab sich meine Frau dementsprechend besorgt. „Verausgabe dich nicht bei dieser Arbeit, schone dich!", riet sie ihrem Mann. Damals war gerade unser zweites Kind zur Welt gekommen. Und ich wollte nicht mehr mit meinen Kindern auf die Straße gehen. Sie sollten nicht bei mir sein, wenn ich sterben müsste. Ich wollte ihnen dieses schreckliche Erlebnis ersparen. Gleichzeitig fürchtete ich mich davor, alleine zu sein. Nach einem möglichen Anschlag würde mich niemand finden, auch hatte ich entsetzliche Angst, einsam zu sterben.

Ich stürzte mich voll in die Arbeit, um zu vergessen. Aber die Angst saß in mir, ich konnte sie zeitweise verdrängen, vertreiben aber konnte ich sie nicht. Obwohl ich immer mehr arbeitete, resultierte daraus immer weniger. Ich wurde fahrig, konnte mich nicht mehr konzentrieren. Schließlich brach auch die äußere Disziplin zusammen. Meine Wohnung wurde mir zum Schneckenhaus, in das ich mich ständig zurückzog. Nach wenigen Tagen stellten sich neue Angstzustände ein, ich litt unter rasendem Herzklopfen und fiebrigen Anfällen.

So begann eine scheinbar endlose Wanderung durch verschiedene Arztpraxen. Die wahren Gründe für meinen Zustand, Todesangst und Verfolgungswahn, nannte ich nie. So konnte ich natürlich auch nicht geheilt werden. Mein Verhalten wurde mehr und mehr vom schleichenden Gift der Angst bestimmt. Mein Geist aber blieb hellwach. Ich versuchte, meine Lage zu analysieren. Das konnte ich. Nur den Ausweg, das Licht am Ende des Tunnels konnte ich nicht erkennen.

Ein Herzspezialist diagnostizierte anfänglich einen aus früher Kindheit verschleppten Herzklappenfehler. Dann änderte er den Verdacht auf psychische Ursachen. Er verschrieb mir Tabletten. Damit war mir jedoch nicht geholfen. Ich konsultierte einen weiteren Äskulapjünger in Qom. Der war recht überrascht über die Medizin, die mir verschrieben wurde: „Sie leben ja noch!" – „Wieso", fragte ich ganz erstaunt: „will mich jemand vergiften?" – „Das nicht gerade. Man hat ihnen Digoxin, ein Medikament mit den Wirkstoffen des Fingerhuts, verschrieben. Damit macht man Tote wieder lebendig." Die Fehler seines Kollegen wusste dieser Doktor wohl zu finden. Aus ihnen lernen konnte er aber nicht.

Ich erspare mir, die übrigen Besuche im Behescht der weißen Halbgötter zu beschreiben. Als ich die Hoffnung fast fahren ließ und glaubte, das Ende dieser halbgöttlichen Komödie erreicht zu haben, versuchte ich einen letzten Besuch, bei einem gewissen Professor Dr. Moghaddam der mich gut kannte. Er fragte mich nach meiner Krankheit, wusste sogar von meiner Arbeit auf der Baustelle. Er konnte die Symptome exakt diagnostizieren. Nun wusste ich genau, dass die Symptome keinesfalls rein körperlicher Natur waren. Dieser Arzt riet mir, die Arbeit niederzulegen und mich im Schoße meiner Familie auszukurieren. Daran lag mir jedoch nichts. Ich ahnte die kommenden Dinge, die meiner in Bandaranzali harrten. Aber ich wollte auch nicht länger auf der Baustelle bleiben. Ich biss nun in den Apfel, der mir als weniger sauer erschien. Bereits nach einigen Tagen lag der Verdruss der Geschwister meiner Frau wie stickiger Dunst auf meiner Krankenstatt. Sie bezichtigen mich nicht offen der Schlappheit und des Verrats, aber die stillen Vorwürfe raubten mir den Atem und machten die Luft täglich schlechter.

Ich wollte wieder frische Luft atmen und entschloss mich trotz meiner Schwäche und meiner Angst, den langen Weg zurück nach Qom zu nehmen. Natürlich besserte sich mein Zustand auf der Baustelle nicht, ich brach wieder zusammen, wurde wieder untersucht. Dennoch konnte keine klare Diagnose gestellt werden.

Zu der unsichtbaren Bedrohung gesellten sich nun die immer häufigeren Tieffliegerangriffe der irakischen Luftwaffe. Wer jemals einen Tieffliegerangriff durchstehen musste, wird verstehen, dass die irakischen Attacken nicht gerade kräftigend auf mein Herz wirkten. Ich wagte es nicht mehr, mit dem Bus nach Hause zu fahren. Ich hatte nicht mehr nur Angst vor einem Mordanschlag, sondern nun auch noch vor einer plötzlichen Herzattacke, die mich dahinraffen könnte, verlassen von allen mir bekannten Menschen, die rasch hätten helfen können. Manchmal nahm mich einer unserer Fahrer ein Stück des Weges nach Teheran mit. Sofort fühlte ich mich sicherer und meine körperlichen Beschwerden schwanden.

Selbst in Bandaranzali ging ich wieder zum Arzt. Ich wusste zwar genau, dass die Ärzte ohne vollständige und ehrliche Information eine treffende Diagnose nicht stellen oder mir die Angst nehmen konnten. Aber ich war in meiner Schwäche süchtig nach jeder Art von Hilfe. Ich entzündete mir selbst immer neue Irrlichter und verlief mich dennoch immer tiefer in den Niederungen meiner verzweifelten Psyche. Ich schluckte Imipiramin und andere starke Antidepressionsmittel und beschloss, nur noch zu schlafen und nicht mehr zu arbeiten. Meine Frau kommentierte dieses Verhalten mit strapaziösem Verständnis: „Ja, da siehst du, wohin das viele Arbeiten führt. Du bist nur noch müde!" Ihre Geschwister fragten mich, wie ich denn fortan Geld zu verdienen dächte. Ich äußerte den vagen Plan, einen Minibus zu kaufen und damit ein kleines Reiseunternehmen zu gründen, obwohl ich keinen Führerschein hatte. Meine Frau war davon gar nicht erbaut: „Nach all unseren Anstrengungen willst du jetzt Busfahrer werden? Soll ich denn all meinen Bekannten erzählen, dass mein Mann jetzt ein Ranand-e-Minibus ist?"

Während meiner wenigen wachen Stunden vertiefte ich mich in meine frühere Studienlektüre: Psychologiebücher, die so zu späten Ehren kamen. So verbrachte ich einen Monat, bevor ich mich doch entschloss, wiederum nach Qom zu fahren. Denn der Aufenthalt in Bandaranzali war für mich immer schwerer zu ertragen. Die Angehörigen meiner Frau machten mir immer heftigere Vorwürfe, meine Kinder wollten mit ihrem Vater spielen, aber der schlief nur oder las Psychologiebücher. Das konnte ich auch in Qom und dabei sogar noch Geld verdienen. Ich beschränkte mich dort nun darauf, Anweisungen zu geben und zog mich ansonsten zurück.

Gleichzeitig verstärkten die Iraker das Bombardement auf Qom. Ich überstand diese Angriffe mit Furcht und Schrecken. Dann wurde die Arbeit auf der Baustelle unmöglich. Die Gefahr war zu groß. Mansouri sah sich gezwungen, seine Arbeiter in ihre sicheren Heimatorte zu schicken. Darum ließ ich mich nicht zweimal bitten. Ich war oft genug zwischen Qom und Bandaranzali gependelt, um endlich doch den Entschluss zu fassen, nicht mehr auf die Baustelle in der Wüstenstadt zurückzukehren. Ich wollte stattdessen für Mansouris Firma in Teheran arbeiten. Mansouri erklärte sich sofort damit einverstanden und versprach, mir ein Zimmer in Teheran zu besorgen.

Mit dieser Entscheidung kam ich der endgültigen Auflösung der Baustelle zuvor. Der Ingenieur Azadian vom Dschihad wollte das noch auf der Baustelle gelagerte Material verkaufen. Er versuchte mich deshalb zu bestechen, um mich für seine Geschäfte zu gewinnen. Ich weigerte mich. Trotzdem verschwanden nachts mehr und mehr Materialien, bis die Arbeit durch diesen institutionalisierten Diebstahl am Ende vollkommen unmöglich gemacht wurde.

Ich arbeitete bereits einige Zeit in Teheran, als Mansouri mir meine neue Bleibe präsentierte: einen rechteckigen Raum, ohne Fenster, der durch eine Stahltüre frappierende Ähnlichkeit mit einer Gefängniszelle hatte. Mit dieser Unterbringung hätte man selbst die Seelen gesunder Menschen zerstören können. Mein alter ‚Freund' Nasiri kommandierte mich bereits wie ein Pasdar-e-Zendan auf der neuen Baustelle, und da meine Psyche bereits stark angegriffen war, verspürte ich keineswegs die Notwendigkeit, auch noch in diese Dunkelkammer zu ziehen.

Da Wohnraum in unserer Hauptstadt aber ebenso knapp wie unbezahlbar ist, war ich froh, auf einige Zeit in die Maisonette meiner Schwägerin ziehen zu können. Nach einigen Monaten wurde mir aber auch diese Station meines Lebens unerträglich. Ich kehrte nach Bandaranzali zurück. Zu meinen Verwandten hatte ich eigentlich recht guten Kontakt. Ich konnte ihnen durch meine Arbeit auf der Baustelle, viele Gefälligkeiten erweisen. Eine Ausnahme bildete die Frau meines verstorbenen Bruders Rezwans. Stets verwies sie mich auf die große Schuld, in der ich bei meinem Bruder noch stand. Ihre Besuche wurden immer beschämender und aufdringlicher. Sie wollte Geld, und versuchte mich moralisch zu erpressen. Ich begann daher, den Kontakt zu ihr mehr und mehr einzuschränken.

In Bandaranzali nahm der Druck auf mich ebenfalls immer mehr zu. Die Schwester meiner Frau kommentierte meine Lage so: „Wenn er krank ist, soll er ins Krankenhaus gehen. Ist er gesund, so kann er auch arbeiten." Auch mit meiner Frau stritt ich mich häufiger. Vor allem unsere Kinder litten unter dem angespannten Verhältnis. Täglich wiederholte meine Frau dieselben Vorwürfe: „Du bist nicht in der Lage zu arbeiten und eine Familie zu ernähren. Zuerst war es nur dein unnützes Studium, dann die totgeborene Hühnerzucht, und jetzt hast du ganz schlapp gemacht." Diese Anschuldigungen waren nicht konstruktiv. Sollte ich etwa ins Krankenhaus gehen und dadurch die Lage noch verschlimmern? War ein Studium nichts? War es mir nicht gelungen, ganz aus eigener Kraft eine neue Existenz aufzubauen – bis mir diese durch widrige Umstände und gewaltsame Einwirkungen anderer zerstört wurde? Ich fühlte mich verlassen, nichts außer meinen Kindern, hat mich damals mehr in Bandaranzali gehalten.

Beruhigungsmittel entwickelten sich für mich zu einer Ersatznahrung. Anders konnte ich den Dauerkonflikt mit meinen geschwächten Nerven nicht mehr ertragen.

FLUCHT UND TAXIUNTERNEHMER

Die Menschen verfolgen am grausamsten die,
welchen sie unrecht getan haben.

Sprichwort

Auf die Unschuld schielt der Verrat
mit verschlingendem Blicke,
Mit vergiftendem Biß tötet des Lästerers Zahn.

Friedrich Schiller

Meine Frau betätigte sich nun als Arbeitsvermittlern. Sie telefonierte mit den Verwandten, fragte Bekannten und schickte mich auf allerlei kuriose Gänge. Alle Anfragen, Gespräche, Termine hatten nur den einen Zweck, den Esel wieder vor den Karren zu spannen. Die Möhre aber war faulig, und ich wollte nicht mehr. Zumindest wollte ich nicht mehr so wie bisher. Ich hätte mir die Arbeit selbst suchen können, auch Mansouri hätte mich sofort wieder eingestellt. Aber ich konnte nicht. Ich war nervenkrank.

Meist ging ich dann nach Auseinandersetzungen mit meiner Frau an den Strand, zu dessen Wellen ich mich regelrecht flüchtete. Oftmals verglich ich innerlich die an- und absteigenden Wellen mit mir selbst. Die Wellen starben und verschwanden, sobald sie den Sand erreichten – waren sie auch menschenscheu? Als ich einmal nass vom Regen nach Hause kam, ging ich zu den Kindern, um mit ihnen zu spielen. Sie spielten mir eine Kassette vor, die ich schon unzählige Male gehört hatte, ohne je auf den Text zu achten. Diesmal aber in meiner Traurigkeit hörte ich eine Männerstimme, welche sang:

„Deine Liebe ist wie Luft, die ich zum Atmen brauche,
ohne die ich nicht leben kann.
When you are happy, you enjoy the music
but when you are sad, you understand the lyric"

Frank Ocean

Ich konnte nicht anders, ich musste weinen – zum ersten Mal sahen die Kinder ihren Vater so schwach. Ich sah, wie sie blass und vollkommen still wurden, und, sobald ich mich gefasst hatte, lenkte ich sie mit erneutem Spielen ab.

Nun reifte schon seit einiger Zeit bei meiner Frau die Idee, auch ich solle wie so viele andere aus dem Iran fliehen, um im europäischen Ausland Asyl zu beantragen und dann von diesem sogenannten „Paradies des Westens" aus Geld zu schicken und vielleicht auch einmal die Familie nachkommen zu lassen.

Da ich bereits wusste, wie die Zustände für Ausländer in Deutschland aussahen und ich diese keineswegs mit einem Paradies vergleichen würde, stieg ich dennoch, nur meiner Frau zuliebe und um unsere Beziehung in einen Zustand der Entspannung zu bringen, eines Tages in eine Maschine, die mich nach Istanbul bringen sollte. Als es dann aber soweit war und ich auf dem Weg war, das Haus vielleicht für immer zu verlassen, kam meine Frau mit den zwei Kindern und fragte mich, wo ich hin ginge, ob ich sie allein lassen wolle und könne?

Oh mein Gott, bist du jemals in so einer Situation gewesen, kannst du das verstehen? Ich konnte es damals nicht, heute schon. Damals war ich noch wie ein Kind. Ich wusste nicht, dass meine Frau Existenzangst hatte und diese Angst sie zermürbte und von einer lieben, hilfsbereiten, verständnisvolle Frau und Mutter zu dem gemacht hatte, was sie jetzt war. In keinen Schulbüchern lernt man das, wie man erwachsen werden kann.

Im Flugzeug war ich vollkommen verkrampft vor

Angst und litt unter starkem Herzklopfen. In Istanbul rief ich sogleich den Bruder meiner Frau an, der dort Architektur studierte, erreichte ihn jedoch nicht sogleich, bekam aber seine Adresse. Dort traf ich ihn dann an und er lud mich ein, eine Zeit lang bei ihm zu wohnen, aber sobald er mich in der Wohnung alleine ließ, ergriff mich die Angst wie eine eiskalte Hand, und jede Stunde wurde zur körperlichen und seelischen Qual. Einige Tage später buchte ich per Reiseunternehmen eine Fahrt nach Bulgarien. Wieder kam ich eine Etappe näher ans Ziel. Dieses Land aber sollte schon zur Endstation der Reise werden. Die Menschenschmuggler dort, mit denen ich nach kürzester Zeit Kontakt aufnahm, verlangten eine enorme Summe Geld von mir, die mir als zu hoch erschien, und außerdem wurde ich immer unsicherer und schwächer. Jeder Schritt erschien mir als eine unüberwindliche Hürde.

Das Hotel, das wir durch ein türkisches Reiseunternehmen gebucht hatten, war eines der besten in Bulgarien. Dort stiegen vorwiegend westliche Touristen ab. Dieser geballte Reichtum lockte das Verbrechen und die Prostitution an wie der Mist die Fliegen. Im Hotel wollten mir die Hotelangestellten meine Jacke, Hemd, Uhr, eigentlich alles, was ich auf dem Leibe trug, abkaufen. Darauf ging ich ein. Neben dem Adamskostüm behielt ich noch einen Satz Kleider und kaufte von dem Geld für meine Familie Parfüm und andere Mitbringsel.

Schließlich rang ich mich dazu durch, in den Iran zurückzukehren. Dieser Entschluss fiel mir sehr schwer. Ich wusste, was mich erwartete. Andererseits konnte ich es nicht wagen, in meinem Zustand illegal nach

Deutschland zu reisen und dort Asyl zu beantragen.

„Bist du jetzt zufrieden? Alles gesparte Geld hast du ausgegeben! Jetzt haben wir endgültig nichts mehr!", schallte es mir nach meiner Rückkehr aus dem Munde meiner Frau entgegen. Nun fielen die ersten Worte von Trennung und Scheidung. Wenige Tage darauf rief mich mein Sohn ins Wohnzimmer: „Tante will mit dir sprechen!"

Ich begab mich also ins Parterre und war überrascht, dort fast die gesamte Familie meiner Frau versammelt zu sehen. Sie sahen nicht so aus, als ob sie meiner bulgarischen Urlaubserinnerungen harrten. Die älteste Schwester meiner Frau ergriff zuerst das Wort: „Wir wollen jetzt wissen, was du vorhast. Du bist schon so lange ohne Arbeit. Soll das ewig so weitergehen? Und warum hast du die Baustelle in Qom verlassen?"

Das war noch harmlos. Hinter meinem Rücken wurden ganz andere Gerüchte lanciert; dass ich mich nur auf Kosten meiner Frau durchs Leben fressen wolle, dass ich meine Frau verlassen würde, sobald sich die Gelegenheit böte und andere Unsinnigkeiten, wie sie nur den Köpfen frustrierter und raffgieriger Menschen entspringen können.

War ich in dieser Versammlung der Angeklagte? War ich mit all diesen Menschen verheiratet? Was dachten sich diese Menschen? Ich sollte als nervenkrankes Wrack wie ein Galeerensträfling zur Arbeit getrieben werden, wozu? Für einen neuen Fernseher, eine schöne neue Welt, wie sie in den TV-Serien und Warenhäusern des Westens existiert. Wir konnten auch ohne diese Wohlstandgüter überleben und ein glückliches Leben führen. Auf die Frage meiner Schwägerin wusste ich keine Antwort. Ihre Forderungen waren mir nicht verständlich. Ich stellte mich stur und sagte nur: „Mein Leben geht euch nichts an." Meine Frau erlitt darauf einen hysterischen Anfall, sie kreischte. „Der soll doch abhauen!" War das wirklich meine Frau? War das die gleiche Person, die mir immer geholfen hatte und mit mir in einem Dorf, wo es nicht den geringsten Komfort gab, zwischen Hühner gelebt hatte? Nein, nein, das war die Zukunftsangst, das war ihre Existenzangst, die so eine extreme Verhaltensveränderung in ihr hervorgerufen hatte, verstärkt durch ihre Familie und letztendlich die Revolution. Ein Experiment über Verhaltensänderung konnte und hatte ich auch bei meinen Hühnern durchgeführt, aber bei Menschen? Dieses Experiment konnte ich nicht durchführen, ich war selbst ein Teil des Experimentes und das Ergebnis lag auch sichtbar vor meinen Augen.

Meine Schwägerin Akram wusste sofort zu bestärken: „Da müsst ihr euch eben scheiden lassen!" Die Männer schwiegen, und das ist im Iran nicht selten, obwohl sie mich verstanden und auf meiner Seite waren. Nun erhob sich die Stimme meiner Schwägerin Homa: „Das ist alles nicht so einfach. Wie stellt ihr euch das vor? Ihr seid dann für den Rest eures Lebens geschieden. Wer soll sich dann um die Kinder kümmern?" Sie hatte Recht. Eine Scheidung kam natürlich nicht in Frage. Es wurden nun die Alternativen diskutiert. Wieder wusste Akram Rat: „Er soll doch Taxifahrer wurden." Da musste sogar Akrams Mann Nader widersprechen: „Ranendeh-Taxi? Weißt du was ein Taxifahrer können muss! Der muss bei uns zehn Stunden auf den Rädern sein. Taximeter und Schnauze dürfen nie still stehen. Da sind andere Typen gefragt!“ Außerdem hatte ich nicht einmal einen Führerschein.

Ich hatte bald genug von diesem Seifenopernimitat. Ich ging, ich fühlte mich innerlich tot. War ich ein Investitionsobjekt für dieses Weiberparlament? Trotz allem gab ich mir einen Ruck. Da waren immer noch meine Kinder und meine Frau. Ich konnte sie nicht im Stich lassen. Mein Fleisch und Blut! Ich musste doch handeln. Nicht wegen dieser Versammlung behäbiger, raffgieriger Frauen, aber für meine Familie wollte ich weiter leben und kämpfen!

Also Taxifahren. Das war aber nicht so einfach. Ein Taxi kostete drei Jahresgehälter. Und von der Technik hatte ich fast keine Ahnung. Es musste dennoch eine Lösung geben. Das Geld besaß ich. Einen Fahrer hatte ich schnell gefunden. Ein Bekannter von mir, ein arbeitsloser Abiturient, der neben dem Abitur den weitaus nützlicheren Führerschein besaß, wurde als Fahrer engagiert. Er sollte fahren, ich würde ihn begleiten und nebenbei noch allerlei Lebensmittel wie Eier, Hühner, Bohnen und Zigaretten verkaufen. Ich erstand ein Auto und obendrein ein gebrauchtes Gerät, mit dem man das begehrte Paschmak fabrizieren konnte.

Die Paschmakmaschine verschwieg ich jedoch. Nur Analphabeten und Jugendliche verkaufen Zuckerwatte bei uns. Aber man konnte damit ordentlich Geld verdienen. Ein Kilo Zucker konnte seinen Wert binnen eines Nachmittages verzwanzigfachen. Die Wolken an meinem Himmel sollten sich jedoch bald verdunkeln. Auf den Märkten herrschte reges Treiben. Da flatterten Hühner über Tomatenstände, da boten verhärmte Hände Rasierklingen an, an jeder Ecke wurde um Zigaretten gefeilscht. Es gab nichts, was dort nicht angeboten wurde. Ich hatte einen schweren Stand, den ich mir hart erkämpfen musste. Es wurde mir klar, dass ich nicht länger nur Händler bleiben konnte.

Ich begann also selbst, mit dem Taxi zu üben. Ich fuhr schließlich – ohne Führerschein – recht flott und konnte mich bald an andere Taxifahrer in Bandaranzali hängen, um mehr über Haltepunkte und gewinnträchtige Routen zu erfahren. Der erste richtige Arbeitstag begann anders, als ich mir das vorgestellt hatte. Ein Fahrgast schmiss mir das Geld vor die Füße, und ein anderer wollte gar nicht zahlen. Nun das waren eben die Probleme eines Anfängers. Es sollte noch weitere geben.

Ich wurde von einem kräftigen Mann an den Rand gewinkt: „He was machst du da?“ – „Ich arbeite, wie alle anderen. Ich fahre Taxi.“ – „Was? Das geht doch nicht. Wir sind organisiert. Wir teilen uns die Fahrgäste auf.“ Das passte mir nun gar nicht, denn der Muskelberg bot mir auch die Aufnahme in seine Organisation nicht an. „Und wenn ich trotzdem fahre?“ – „Dann hat das Konsequenzen für dich!“, antwortete er mit finsterer Grimasse. „Wenn ihr eure Konsequenzen durchsetzen wollt, werdet ihr nicht durch Kapourchal fahren können!“ Ich klärte ihn schnell auf, dass die Rallye Paris-Dakar eine sonntägliche Spazierfahrt wäre, verglichen mit der Route durch Kapourchal. Er nahm meine Gegendrohung ernst, passte mich nach einiger Zeit wieder ab, umarmte mich, strahlte wie die Sonne über der Kawir-e-Lut und erklärte mir süß wie ein Stück Baklava: „Mein Lieber! Ich kenne jetzt dein Problem. Diplomiert, verheiratet, arbeitslos. Wir müssen ja alle überleben. Na, wir lassen dich fahren!“

Bald begann ich mich, aus der vertrauten Umgebung zu wagen und fuhr auch über Land. Das gab mehr Geld und kostete weniger Nerven. Die regelmäßige Arbeit gab mir auch emotionale Stabilität. Konnte ich mich vorher nur mit einer gehörigen Dosis Valium und Propranol hinter das Steuer klemmen, so wurde das jetzt überflüssig. Ich musste entweder mit den Medikamenten oder mit meinem Leben Schluss machen. Ich entschied mich für das Leben und gegen die Medikamente – und so komisch das klingt – Taxifahren war eine äußerst wirksame Therapie.

Nach vier bis fünf Monaten waren die Reifen meines Taxis ruiniert. Ich fuhr auf dem Profil eines Formel-1-Rennwagens, wenn man da überhaupt von Profil sprechen kann. Neue Reifen waren unerschwinglich. Sie kosteten zwei bis drei Monatsgehälter. Also zog ich gebrauchte Reifen auf und tuckerte mit kaum dreißig Stundenkilometern durch die Stadt. Überlandfahrten konnte ich so nicht mehr wagen. Nach kurzer Zeit waren auch die neuen Gebrauchtreifen abrasiert und platt. So konnte es nicht weitergehen. Endlich hatte ich eine Idee. Ich durchwühlte die städtische Müllkippe, fand einige alte Reifen, wusch sie, zog sie auf und weiter ging die wilde, verwegene Jagd nach dem Geld.

Jeder Fahrgast zahlte ein bis zwei Tuman. Viel hatte

ich da am Abend nicht erbeutet und meine Söhne, die mir noch spät bei der Abrechnung helfen wollten, ließ ich doch nicht in meine Nähe kommen. Vom Bannkreis des Mammons wollte ich sie so lang und soweit wie möglich fernhalten. Ich war froh, dass meine Eltern mich so nicht sehen mussten. Helfen konnten sie mir ja doch nicht, auch wenn ich mir das oft wünschte. Auch meine Frau war eigentlich ein netter Mensch und eine gute Mutter. Aber das reichte in dieser Situation, in der wir jetzt steckten, natürlich nicht. Das Leben war nicht so einfach, wie sie sich das vorstellte. Sie konnte die ständigen Schwierigkeiten nicht mehr ertragen. So hatte sie sich das bei unsrer Heirat nicht vorgestellt. Vom diplomierten Pädagogen und kaiserlichen Offizier war nicht viel mehr als ein armer Taxifahrer übriggeblieben. Aber das war eben Kismet. Vielleicht war der Tod meines Bruders auch vorgezeichnet? Ich bin mir dessen nicht sicher.

Nach einiger Zeit waren nun auch meine auf der Müllkippe mühsam zusammengesuchten Reifen abgefahren, und meine Verzweiflung wuchs. Ich hatte nur noch die Möglichkeit, das Problem auf die lächerliche, fast unglaubhafte Weise zu lösen, indem ich zwei alte Reifen ineinander steckte und so das Auto und die Felgen bis zum Letzten strapazierte. Allerdings muss man dazu sagen, dass ich bei weitem nicht der Einzige war, der auf diese Art durch die Dörfer ratterte.

Eines Tages stieg ein Mann zu mir in den Wagen und fragte nach einiger Zeit vorsichtig nach meiner Situation, meiner Ausbildung und meiner Familie. Er fragte daraufhin, warum ich denn keine angemessene

Stelle hätte und Taxi fahren müsse. Ich sagte dem Unbekannten, dass es eben keine Arbeit für mich gebe und dass ich schon alles mir Mögliche versucht hätte. Wiederum hakte er nach und wollte dringlich wissen, was es mit meiner Person auf sich habe, was sich in Fragen wie „Bist du denn ein Kommunist?“ und der Feststellung meines auffälligen Schnurrbartes äußerte, den er als Zeichen meines politischen Bekenntnisses deutete. Ich wies natürlich alle diese Vermutungen zurück, bis der Dickliche und Bärtige begann, mir den interessanten Vorschlag zu machen, dass er mir ganz sicher eine Arbeit beschaffen würde, wenn ich bloß einen Monat regelmäßig in die Moschee gehen würde. Wie immer lehnte ich solche Angebote ab, auch wenn die Arbeit noch so vielversprechend gewesen wäre.

Konnte ich denn niemals eine Chance bekommen, ohne in eine bestimmte Ideologie gezwängt zu werden und meine Meinungen verleugnen zu müssen?

Eine andere, unvergessliche Begegnung trug sich an einem der folgenden Tage zu. Eine Frau mit ihrem kleinen Sohn stieg in das Auto, und verlangte, zu einem der benachbarten Orte gebracht zu werden. Als wir am Zielpunkt angelangt waren, stieg der Kleine aus, aber sie blieb sitzen. Erschreckt und innerlich erschüttert, bekam ich das Geständnis zu hören, sie habe kein Geld und sie würde mich ‚anders‘ bezahlen. Ohne zu zögern lehnte ich ab, war aber auf der Rückfahrt vollkommen zerstreut und dachte über diese Frau nach. Wie kam eine Frau dazu, solche Methoden anwenden zu müssen um ihr Leben zu meistern? Ich fragte nach dem Schuldigen für solches Verhalten. War es die Armut? Wo blieben die Religion und die Hilfe, die einer solchen Frau zustand?

> *„Gebt Euch nicht damit zufrieden, dass wir für Euch Häuser bauen, Wasser und Elektrizität werden auch kostenlos. Auch das Busfahren wird kostenlos sein. Gebt Euch nicht damit zufrieden. Wir werden auch Euer spirituelles Leben verbessern. Wir werden Euch auf das Niveau eines Humanisten erheben. Wir werden gegen den moralischen Niedergang angehen. Die Prostitution wird abgeschafft."*
>
> *Imam Khomeini*

Schließlich war das Land nicht so arm, dass Menschen mit ihrem Körper bezahlen und ihre Seele verkaufen mussten.

Wie man sich denken kann, hielten die zusammengebastelten Reifen nicht ewig, und immer neue Teile mussten ersetzt werden. Die Pannen kamen mittlerweile alle zwei bis drei Stunden, und die unermüdliche Willenskraft, mit der ich die Verzweiflung und Müdigkeit in mir abtötete, ist mir heute kaum noch verständlich. Ich pumpte, flickte und klebte, bis die Reifen so dick wurden, dass die gesamte Karosserie litt und mir eines Tages alles zusammenbrach. Die Arbeit von Monaten war dahin.

Jetzt war die Zeit gekommen, in der der verfaulte Baum zu seinen Ästen und Blättern Lebewohl sagt, bevor auch sie verfaulen und verwelken.

Bevor ich ging, spielte ich noch ein wenig mit den Kindern. Die waren noch schwächer, noch wehrloser als ich. Ich durfte sie jetzt nicht im Stich lassen.

Ich drehte wieder meine Runden, schlief aber nach der Arbeit im Taxi. Ein Zuhause hatte ich von nun an nicht mehr. Den Kindern lieferte ich von nun an das Geld ab. Die werden es ihrer Mutter wohl weiterhin zugesteckt haben. Nach vier Nächten war ich am Ende. Ich konnte keine Nacht richtig schlafen. Ein Hotelzimmer konnte ich nicht bezahlen und musste zudem ständig auf der Hut vor den Patrouillen der Pasdaran sein. Freunde und Verwandte, denen ich meine Situation hätte erklären können, hatte ich nicht. Total übernächtigt, ungewaschen, unrasiert schlich ich mich nach Hause. Meine Frau überraschte mich beim Duschen und unterzog mich gleich einem Verhör. Ich blieb und war wieder gefangen.

Ich erinnerte mich eines Schmugglers und Ghatschaghtschi, dem ich einige Male Zigaretten transportiert hatte und der mir bereits ein Angebot gemacht hatte, in seiner Organisation zu arbeiten. Damals hatte ich abgelehnt. Drogenhändler ist ja nicht gerade ein Beruf mit großen Perspektiven, vor allem wenn Frau und Kinder zuhause warten. Jetzt aber war mir alles egal. Ich beschloss also tatsächlich Drogenhändler zu werden.

Meinen Kindern spielte ich noch einmal zum Abschied ein Lied mit dem Titel „Ma ra bebus" vor:

„Küsst mich zum letzten Mal.
Gott sei bei Euch,
Ich gehe meinem Schicksal entgegen.
Mein Frühling ist verblüht.
Ich suche mein Schicksal."

Vielleicht würden sie sich einmal an den Text erinnern. Damals waren sie noch zu klein und verstanden nichts.

„Lasciate ogni speranza" – „Lasst alle Hoffnung fahren": Eine Adresse und einen Namen hatte ich. Ich fuhr also ganz allein bis in die Stadt Ghazwin, die zwischen Bandaranzali und Teheran liegt. Ich hielt dort, machte eine Pause und sah ein Plakat, darauf stand: „Ein Mann, der anfängt zu zweifeln, ist kein Mann. Man hat immer eine Wahl." Hatte ich wirklich keine Wahl mehr? Ich war doch gar nicht in der Sackgasse. Und die Straße nach Teheran hatte zwei Spuren. Ich konnte also mein Schicksal noch drehen und wenden! Ebenso wie mein Auto. Nichts hielt mich davon ab, zurückzufahren. Die Rückfahrt brachte keine Änderung. Stattdessen fuhr ich wie ein Wahnsinniger, jagte die staubige Straße hinunter und hoffte, dass es mir die Reifen zerfetzen würde und die Seele in den Himmel wirbeln würde.

Nun musste ich mich trotzdem entscheiden, wie ich meine Zukunft gestalten sollte. Ich überlegte, nach Deutschland zu reisen, um dort ein neues Studium zu beginnen. Dennoch wollte ich mich vorher probehalber noch für zwei staatliche Förderungsprogramme bewerben. Es gab die Möglichkeit, Sojabohnen und Schafe zu züchten. Material und Know-how sollte von staatlicher Seite gestellt werden. Leider, so wurde mir mitgeteilt, müsste ich, um dabei berücksichtigt zu werden, eine gewisse Summe, etwa 1 000 000 Tuman auf das Konto eines Mullahs in Bandaranzali überweisen. So viel Geld hatte ich nicht und wenn, dann würde ich wohl keine Sojabohnen züchten. Außerdem verspürte ich keine Lust, einem Mullah diese unglaubliche Summe zu schenken, für die ich zehn Jahre hätte arbeiten müssen. Ich wollte mich den abstrusen Ideen der bärtigen Prediger nicht fügen. Ich wollte nur weg und nie wieder in dieses von Bärtigen regierte Land mit seiner konsumgläubigen Bevölkerung zurückkehren. Ich habe einen Cousin in Deutschland, und so beschloss ich endgültig, ein zweites Mal in dieses Land zu reisen und dort aufs Neue mein Glück zu versuchen. Hätte ich einen Cousin in Honduras gehabt, so wäre ich eben dorthin geflogen.

Ich schrieb meinem Cousin und bat ihn, mir einen Studienplatz für Medizin zu besorgen. Nach einem Monat kam eine Antwort, nach weiteren sechs Wochen wurde mir mitgeteilt, dass auf mich ein Studienplatz an der Universität S wartete, allerdings im Fachbereich Chemie. Hurtig wurde die Abreise vorbereitet. Wertgegenstände wie mein Auto mussten vorher noch verkauft werden. Das Auto wollte mir mein Cousin Bijan abkaufen. Er ließ sich aber mit seinem endgültigen Entschluss Zeit bis zum Ende des Golfkrieges. Dann entschied er sich plötzlich anders. Ich konnte den Paykan auch nicht mehr auf dem freien Markt verkaufen. Nach dem Krieg konnte niemand die Entwicklung der Preise vorhersehen. Ich fand daher keinen Käufer. Geld musste nun anderweitig beschafft wurden. Schweren Herzens versuchte ich, das Reisfeld meiner Eltern zu verkaufen. Doch niemand konnte sich entschließen, das Feld zu erstehen. Ich senkte den Preis, senkte ihn wieder und wieder.

Schließlich bot ich das Feld zu einem Zehntel des ursprünglichen Preises an. Dann erst fand sich ein Käufer. Nach Abschluss des Geschäftes erschien Rezwans

Witwe und forderte ihren Anteil. Den gab ich ihr, sie aber forderte noch mehr. Ich gab ihr natürlich nicht mehr. Ich hatte nicht vor, mich noch weiter erpressen zu lassen. Mit dem Geld konnte ich mir einen einfachen Flug nach F kaufen. Ich nahm für mich noch etwa zweihundert Mark mit und gab den Rest meiner Frau.

Die Hokumat-e-Mostazafan, die ‚Volksfreunde', hatten es also geschafft, mich aus meinem Heimatland zu vertreiben. Sie hatten mir meinen Arbeitsplatz genommen und meinen Bruder gemordet. Die Hokumat-e-Taghut, die Oligarchie und der Schah, hatten mir alles gegeben. Sie hatten aus dem Sohn eines Analphabeten und Tagelöhners einen Akademiker und Offizier gemacht. Sie hatten dabei nicht versucht, mir ihre Ansichten aufzuzwingen. Ich wurde nur nach Leistung und gutem Willen beurteilt. Damit war es jetzt vorbei.

Leistung, Können, guter Wille, das alles galt nichts mehr. Jetzt zählten nur die täglichen Gebete. Aber davon wurde niemand glücklich oder satt.

DEUTSCHLAND II: ERZWUNGENE MIGRATION UND DER KAMPF UMS ÜBERLEBEN

Es ist unannehmbar, dass die wohlhabenden westlichen Länder, die sich ein System errichtet haben mit dem einzigen Ziel maximalen Profits für privatkapitalistische Unternehmung und multinationale Firmen, als passive Zeugen des ständigen Absinkens der Lebensbedingungen in den Entwicklungsländern beiseite stehen und konstruktive Vorschläge nur mit Boykott und Aggressionsdrohungen beantworten oder mit der Erzeugung von Spannungen, um dem Kampf der Völker für Freiheit, Unabhängigkeit und die Verwaltung ihrer eigenen Naturschätze zu begegnen.

Es ist an der Zeit, dass diese Leute begreifen und dass sie voll erkennen, dass diese Situation nicht unbegrenzt andauern kann, ohne ernsthafte Folgen für alle Beteiligten.

Layachi Yaker, algerischer Diplomat und Politiker

Was ich bisher geschildert habe, dient eigentlich nur zur Erklärung, warum ein Ausländer hier sein Land dort verlassen hat. War es mein Wille, mein Land und meine Familie zu verlassen? War es mein Wille, wie ein Bettler, ein Vagabund zu leben? Ich habe zehn Jahre lang versucht, in meinem Land zu bleiben, ich habe acht Jahre Krieg durchgehalten, ich wusste, was mich hier erwartet, ich wusste auch, dass hier niemandem auch nur eine Schnitte Brot umsonst gegeben wird. Wenn aber alle Wege verschlossen sind? Was tun? Eine Waffe nehmen und gegen ein Regime törichten Widerstand leisten, das bis an die Zähne unter Mithilfe der Industrieländer bewaffnet ist? Ich wollte nicht aus meinem Land fliehen, aber ich musste so handeln. Das war das Ergebnis der neuen Weltordnung, von der Präsident Bush senior geredet hat. Eine Weltordnung, in der Ende 2014 59,5 Millionen Menschen auf der Flucht waren, Millionen politisch Verfolgte, Kriegsflüchtlinge und Umweltflüchtlinge, illegale Gastarbeiter, die alle hart um ihr Überleben kämpfen müssen.

Der folgende Teil ist für meine Freunde im Iran gedacht, die immer noch denken, dass wir hier im Westen in dem von Gott versprochenen Paradies leben, von dem sie auch gerne ihren Anteil haben möchten. Er ist auch an meine Kinder gerichtet, damit sie die kalte harte Realität unserer Welt kennenlernen.

Mit einer Zulassung für das Fach Chemie von der Uni S und einer Einladung von Familie N beantragte ich 1988 ein Visum für die Bundesrepublik Deutschland. Nach einem Monat bekam ich eine Antwort und einen Termin bei der deutschen Botschaft im Iran.

Obwohl ich bereits um vier Uhr morgens da war, stand schon eine lange Schlange vor dem Eingang zum ‚Himmel'. Ich schlich mit anderen Verdammten, die auf die Gnade Gottes warteten, dem Himmelstor näher. Die Wächter des Himmelstors mit dem duftigen, weißen Anzug hießen aber erst um neun Uhr die Bewohner der Hölle herzlich willkommen. Ich harrte bis elf Uhr aus. Aber die Gnade Gottes kannte meinen Namen nicht.

Ich sah in der Zwischenzeit mutierte Menschen mit Drachenkopf, aber mit weißem Anzug, die zwischen Himmel und Hölle pendeln durften und die Gnade Gottes, das Visum, für unbedeutende 3 000 DM austeilten. Da mein Name nicht auf der Liste derer war, die an diesem Tag ein Termin hatten, rief von der Straße aus ich in der deutschen Botschaft an, und eine himmlische Stimme antwortete: „Bitte warten Sie!" Ich wartete also zehn Minuten, und als sich doch nichts tat, rief ich immer wieder an, bis mir gesagt wurde, dass ich warten müsse, bis ich aufgerufen würde. Ich wartete also bis 13 Uhr, bis Wächter kamen und mich aus dem Botschaftsgelände hinaus ‚begleiteten'. „Das Boot ist voll, Noah ist abgereist." Ich saß am Straßenrand vor der deutschen Botschaft, wartete auf die Sintflut und sah, die Arche hatte doch einen Platz frei. Um 14 Uhr kam einer der Wächter heraus und rief einen Namen. Da niemand außer mir dort war, ging ich einfach hinein. Meine Unterlagen wurden hervorgeholt. „Sie haben aber keine Zeit, in drei Tagen fängt der Sprachkurs an!" Ich antworte: „Ich schaffe es!", und am Tag danach hatte ich mein Visum. Als ich meinen Pass mit Visum zurückbekommen hatte, konnte ich es einfach nicht glauben. Ich hatte das Gefühl zu fliegen, ich wusste nicht mehr, wer ich war und was ich tat. Ich dachte an meine Zukunft. Ich war froh, ein paar Fremde zu verlassen, um zwischen ein paar anderen Fremden zu leben.

Aber plötzlich war da auch eine innere Angst. Wohin gehe ich? Was passiert mit meiner Familie? Ich ging an der Uni Teheran vorbei, da zog es mich kurz entschlossen zur pädagogischen Fakultät, ohne dass ich genau wusste, warum. Es war einfach eine innere Kraft, die mich dahin trieb, so etwas wie die letzte Minute im Leben eines Menschen, in der er versucht, eine Bilanz seines Lebens zu ziehen. Ich dachte an meine Freunde aus dieser Zeit. Wo sind sie? Sind sie hingerichtet worden, oder sind sie im Gefängnis und warten auf den Henker? Ich ging zur Beherrscht-e-Zahra, wo mein getöteter Bruder begraben war, der dachte, dass er die Welt in Ordnung bringen könne, und auch zwei kleine Kinder hinterlassen hatte. Ich weiß nicht, wann ich wieder zu Hause war, es war auch nicht so wichtig, niemand wartete auf mich, vielleicht war meine Familie auch glücklicher, wenn das schwarze Schaf und die Schande mit ihm nicht zurückkommen würde. Was konnte meine Familie nach so vielen Jahren vorweisen? Einen getöteten Bruder, eine arbeitslose Schwester ohne einen Pfennig Unterstützung, einen Vagabunden, eine zerrissene Familie. Damals hatte meine Frau mich gefragt, wo ich hinginge, heute frage ich mich selber, wie konnte ich in diesem frauenfeindlichen Land eine Frau mit zwei kleinen Kindern einfach allein lassen und gehen?

Da ich dachte, dass ich nie wieder in den Iran

zurückkehren könne, besorgte ich mir eine einfache Flugkarte. Ich dachte, dass ich meine Kinder nie wieder sehen würde. Deshalb feierten wir ihren Geburtstag in diesem Jahr früher. Die beiden waren vier beziehungsweise fünf Jahre alt. Sie freuten sich darüber selbstverständlich, aber ihnen war nicht klar, dass dies die letzte Geburtstagsfeier sein könnte, die wir zusammen feierten. Sie bestellten sogar den Kuchen selbst, bekamen Blumen und was sie sich sonst noch immer gewünscht hatten. Ich wollte, dass sie sich an diesen Geburtstag erinnern sollten.

Dieses Mal nahm ich nichts mit außer den Kleidern auf meiner Haut, ich wollte diesem Regime nichts schuldig bleiben.

Ich nahm die Flugkarte und besorgte mir etwa 200 DM auf dem Schwarzmarkt. Wie lange würde ich mit diesem Geld zurechtkommen? Ich dachte überhaupt nicht richtig an die Zukunft, ich dachte an nichts anderes als daran, aus diesem Land herauszukommen. Ich hatte nichts zu befürchten, ich hatte ja schon alles verloren, meinen Glauben, meine Familie, meine Freunde. Ich hatte nichts zu verlieren. Ich war ein Nichts. Schlimmer konnte es nicht werden. Bis jetzt war ich nicht gestorben, dann würde ich auch nun irgendwie weiter leben.

In F wartete mein Cousin auf mich. Wir fuhren zusammen nach S, wo dessen Frau auf meinen Wunsch ein Zimmer für mich gemietet hatte. Ich bekam ein paar Sachen von Freunden und Verwandten, die 200 DM waren nach einer Woche weg. Der Sprachkurs begann am 10. Oktober 1988 und dauerte zwei Semester. Ich hatte eigentlich die Absicht dieses Mal für immer in Deutschland zu bleiben, auch wenn es nötig wäre Asyl zu beantragen. Das war aber nicht möglich, nachdem zwei Tage nach meiner Ankunft in Deutschland die Pasdaran meine Frau vorluden und verhörten, mit der Begründung, dass ich hier bereits Asyl beantragt hätte.

Was wollten sie jetzt wieder von mir? Wollten sie mich zum Tode verurteilen oder hatten sie ein noch besseres Angebot? Was wollten sie eigentlich von einem so ‚kleinen Fisch', hatten sie eine Arbeit für mich? Hatten sie nichts Besseres zu tun als einen unbedeutenden Vagabunden zu verfolgen? Das Ganze war eine Warnung, mir sollte damit klar gemacht werden, dass sie noch drei Geiseln von mir hatten. Ich schickte eine beglaubigte Abschrift meiner Immatrikulationsbescheinigung in den Iran, und diese Aktion fand erst mal ein Ende. Das aber bedeutete, dass ich kein Asyl beantragen durfte. Das erinnerte mich an eine Geschichte aus der Zeit, als Khomeini in Paris war. Er sagte, solange der Schah im Iran sei, würde er nicht in den Iran kommen. Nachdem nun der Schah das Land verlassen hatte, kam er in den Iran und verlangte, dass der Schah dorthin zurückkehren müsse, um sich vor Gericht zu verantworten!

Nachdem ich eine Woche in S war, traf ich in der Mensa viele Iraner, unter ihnen war auch Bahram. Während des Essens wurde wie üblich über die politische Lage diskutiert. Nach dem Essen beim Kaffee, fing Bahram an, sich zu ereifern: „Wir haben morgen eine Demonstration gegen das Regime." Und ich müsse da unbedingt teilnehmen. Ich antwortete, dass ich gar nichts müsse, und wollte wissen, zu welcher Organisation er denn gehörte. Er antwortete, er sei der Vertreter der Volksmudschahedin und forderte mich auf, ihm zu beweisen, dass ich gegen das Regime sei. Ich erklärte ihm, dass ich gar nichts und schon gar nicht ihm etwas zu beweisen hätte, worauf er mich zum Angsthasen und Feigling abstempelte. Das war sehr interessant, er kannte mich überhaupt nicht, und wenn er die geringste Ahnung davon gehabt hätte, wie man sich bedeckt hält, so hätte er mich nicht so angesprochen. Ich fragte ihn, ob er denn so genau Bescheid wüsste, welcher Ideologie ich anhinge und was ich von den Volksmudschahedin hielte. Ich erklärte ihm, ich hätte auch so schon genug Probleme, und dass ich kein zwölfjähriges Kind mehr sei, dass man mit solchem Geschwätz beeinflussen kann. Außerdem hasste ich Fanatiker jeder Art. Ich hatte große Sympathie für die Volksmudschahedin, aber jetzt wollte ich für mich ein Kommunist sein, ich wäre nämlich als Kommunist geboren.

Mit dem Geld, das ich von N und H ausgeliehen hatte, konnte ich noch drei Monate leben. Da ich während des Semesters nicht arbeiten durfte, versuchte ich auf Basis von 480 DM zu arbeiten. Dafür hatte ich eine Sondergenehmigung von der Hochschule S. Aber das war gar nicht so einfach. Warum ließ man mich nicht arbeiten? Als ich elf Jahre alt war, hatte ich schon als Lehrer gearbeitet und jetzt als ausgebildeter Lehrer durfte ich es nicht. Warum gehöre ich nirgendwo hin?

Am Ende des ersten Sprachsemesters hatte ich kein Geld mehr, obwohl ich für die Semesterferien eine Arbeit hatte, aber das Gehalt sollte ich erst zwei Monate später bekommen. Auf Empfehlung eines Freundes ging ich zur Frau H von der ESG in S. Ich schilderte ihr meine Situation und bat um eine einmalige Unterstützung. Sie gab mir 400 DM, ich war nassgeschwitzt, ich war bereit, für das Geld auch entsprechend viele Stunden zu arbeiten. Aber nein, auch das ist Gottes Wille, ich musste betteln, musste das auch noch erleben. Nach einem Monat war das Geld verbraucht. Ich versuchte zur KHG zu gehen, ging auch mehrere Male bis zur Tür, kehrte aber jedes Mal wieder um, bis ich mich endlich zwang hineinzugehen. Sie hörten mir auch zu, aber ich war sicher, dass sie mir meine Geschichte nicht glaubten. Trotzdem erhielt ich 200 DM. Warum dies alles? Ich danke dir, mein Gott, ich bekomme etwas, wie du versprochen hast, und es ist halb so schlimm, wenn dadurch mein Stolz zerbrochen wird,

> *„wie ein Bettler, der zum fünften Mal an eine Tür klopft, wo er schon viermal bekommen hat; er ist zum fünften Mal hungrig."*

Ab jetzt war ich nicht nur für meine Familie ein Versager, auch mir selbst gegenüber stand ich da als Bettler, ein Bettler, der heute überlebt, nur um am folgenden Tage erneut betteln zu müssen.

Nach langer Suche fand ich eine Arbeit auf 480-DM-Basis. Mit meinem Freund P aus Zypern vom Sprachkurs fingen ich an bei der Firma Holz B zu arbeiten. Am ersten Tag fragte mich Herr B, ob ich tatsächlich bei ihm arbeiten wolle. Und als ich ihn fragte, wie lange ich bei ihm arbeiten könnte, erhielt ich als Antwort: Bis ich umfiele! Unsere Aufgabe war es, das

Holz zu stapeln, eine mörderische Arbeit, nach der ich abends keine Kraft mehr hatte. Ich erinnere mich, dass ich eines Tages nach der Arbeit so müde war, dass ich in der Badewanne einschlief. Ich träumte vom Kaspischen Meer, von Kaviarfisch, und plötzlich rutschte ich unter Wasser und wachte auf, nur um festzustellen, welches Meer ich nach fast 30 Jahren Bestrebungen und Mühe erreicht hatte.

Ich war nun, wie versprochen, im ‚Paradies' mit hübschen Frauen, Bäumen und Wasser, allen Sorten Obst und genug zu essen. Soviel Nahrung gibt es, dass man hier jährlich laut ZEIT ONLINE vom 30.5.2019 dreizehn Millionen Tonnen Lebensmittel im Wert von Milliarden aus den gut gefüllten Kühlschränken wegwirft, das bedeutet pro Kopf durchschnittlich 85,2 Kilogramm im Jahr. Nur um Lebensmittel aufzubewahren und so zu verhindern, dass die Menschen verhungern, werden jährlich Milliarden ausgegeben. Und es ist hier so gemütlich, dass man nur 47 Milliarden € jährlich für die Behandlung von Zivilisationskrankheiten ausgibt. Wenn Gott wollte, könnte man mit dem Geld die Hölle belüften, damit ihre Bewohner es etwas leichter hätten. Aber nein, das ist Gottes Wille und Naturgesetz auf der Erde. Wenn eine Seite der Erde beleuchtet ist, muss die andere Seite dunkel sein.

In den Semesterferien fing ich in K bei der Firma B in der Bierfassproduktion an zu arbeiten. Ein Herr R sicherte mir zu, dass ich zwei Monate dort arbeiten könnte. Ich sollte aber nach 27 Arbeitstagen drei Tage Pause machen und dann wieder 27 Tage arbeiten. Als ich die Lohnabrechnung bekam, war es etwas weniger, als ich erwartet hatte. Man erklärte mir, das sei wegen eines Fehlers im Computer. Als Student dürfte ich insgesamt zwei Monate und nur während der Ferien voll arbeiten. So stand es auch ausdrücklich in meinem Pass. Ich fragte bei Herrn R jedoch wieder um eine Beschäftigung an, und er ließ mich trotzdem im gleichen Jahr weiterarbeiten. Es war merkwürdig. Wenn ich länger als zwei Monate arbeiten darf, wie Herr R mir zusicherte, warum stand dann in meinem Pass etwas anderes? Wusste der Staat nichts davon? Wie machte Herr R bzw. seine Firma das? War dies vielleicht nur ein Trick, um uns besser ausbeuten zu können? Mit einer richtigen Arbeitserlaubnis hätte ich eine bessere Arbeit suchen können und wäre darüber hinaus ordnungsgemäß versichert gewesen. Aber jetzt war ich nicht versichert und durfte auch keine Ansprüche stellen. Ja, ich musste mich beim Herrn R sogar bedanken, den Mund halten und mit allem zufrieden sein. Auf der anderen Seite mussten die normalen Schichtarbeiter aber auch begreifen, dass sie jederzeit gegen Billiglohn-Studenten ausgetauscht werden könnten, die ihre Arbeit sogar noch besser verrichten. Also müssen beide Seiten in Angst leben, und so schüchtert die eine die andere Seite ein, sodass beide Seiten in Schach gehalten werden.

Während des Semesters arbeitete ich geringfügig auch bei der Firma Holz B. Mit mir arbeitete auch ein Perser, der schon lange hier war, aber dessen Asylantrag noch nicht anerkannt war. Er hatte auch keine Arbeitserlaubnis. Die Sozialhilfe, die er erhielt, reichte nicht aus. Es war schrecklich. Vor jedem, der den Hof betrat, musste er sich verstecken, da er ausgewiesen werden konnte, wenn man ihn hier erwischte. In den Sommerferien fing ich an, wieder in K bei der Firma B zu arbeiten, aber schon am ersten Tag hatte ich einen Unfall. Mein kleiner Finger geriet zwischen Zahnrad und Kette eines Elektromotors, und ein Glied meines Fingers war nicht zu retten, es musste amputiert werden. Während der Amputation verlangte der Arzt, ich solle nicht zuschauen, es könnte mir schlecht werden. „Denken Sie an schöne Zeiten in Ihrem Leben, denken Sie an Ihre Familie und Ihre Kinder!" – „ Schöne Zeiten? Nein, ich will zusehen, diese Trennung werde ich auch überleben, aber was wird das nächste Opfer sein, das ich bringen muss?" Ich war etwa vierzehn Tage im Krankenhaus, ich hatte Arbeitskleidung an, meine Verwandten waren im Urlaub. Deswegen brachte ein Freund ein paar Sachen zum Anziehen vorbei. In dieser Zeit war auch meine Hausvermieterin im Urlaub, und sie hatte mir das Haus überlassen. Sie hatte so viel Vertrauen zu mir, dass ich überall hinein durfte. Ich fühlte mich wie zu Hause, und ich betrachtete sie als meine Mutter.

Einen Tag vor meiner Entlassung aus dem Krankenhaus kam sie aus dem Urlaub zurück, die Blumen waren verwelkt, der Mülleimer war nicht geleert, der Rasen war nicht gemäht. Das Erste, was sie wohl gedacht haben mag, war womöglich: Er hat das Haus leergeräumt und ist abgehauen! So ist es, mein Freund, du kannst ein Engel sein, aber du bleibst immer ein Ausländer und damit auch ein potentieller Verbrecher. Ich gebe meiner Hausvermieterin daran keine Schuld. Solange Leute wie sie nicht richtig informiert werden, kann man solche Vorurteile auch nicht ändern.

Der behandelnde Arzt hatte mich zwei Monate arbeitsunfähig geschrieben, aber der persische Chefarzt Professor Z hat diese Frist auf einen Monat abgekürzt. Bei der weiteren Behandlung und beim Verbandwechsel hatte er dauernd deutsch mit mir gesprochen. Nachdem er erfahren hatte, dass ich kein Asylant bin, fing er an, mit mir persisch zu reden, aber jetzt antwortete ich auf Deutsch. Was hatte er zuerst gedacht? Wieder ein Perser, wieder ein Asylant, wieder eine Schande für mich.

Nach der Entlassung aus dem Krankenhaus ging ich zu Herrn R in K, um ihm die Arbeitsunfähigkeitsbescheinigung zu geben, aber er ließ mich draußen warten, wie es bei ihm üblich war. Nach etwa einer halben Stunde kam er und fragte mich, worum es ginge. Ich gab ihm die Bescheinigung, und nach einer weiteren halben Stunde kam er und behauptete, ich hätte gar nicht arbeiten dürfen. Was ich getan hätte, wäre strafbar, und es könne böse Konsequenzen für mich haben. Ich wies ihn daraufhin, dass ich einen Arbeitsvertrag mit ihm geschlossen hatte und dass ich auch meine Lohnsteuerkarte bei ihm abgegeben hatte und er folglich genau wisse, dass ich schon zwei Monate gearbeitet hatte. Als Herr R bemerkte, dass seine Drohungen ihren Zweck verfehlten, wurde er freundlicher: „Sie bekommen Ihr Gehalt." Aber nach mehreren vergeblichen Gesprächen drohte er mir dann ganz unverfroren, dass ich Schwarzarbeiter sei und dass mir daher gar kein Arbeitsunfall passiert sein könne, da ich dieses auch nicht beweisen könne.

Ich versuchte also, die Sache juristisch regeln zu lassen. Frau Rechtsanwältin D übernahm diese Aufgabe. Auf ihren Brief reagierte Herr R mit telefonischen Beschimpfungen und Drohungen. Was sich da genau abgespielt hatte, wollte sie mir nicht sagen, aber auf jeden Fall weigerte sie sich jetzt, meinen Fall weiter zu übernehmen. Ab jetzt übernahm Rechtsanwalt G die Aufgabe. Jetzt wusste ich, was drei Tage Zwangsurlaub nach 27 Arbeitstagen bedeuteten: Ich war damit nicht versichert. Im Falle eines Unfalls konnte ich keine Ansprüche geltend machen; außerdem bekam ich die zweieinhalb Tage Urlaub, die mir nach einem Monat Arbeit zustanden, auch nicht. Wie kann man das nennen? Obwohl mein Stundenlohn 13,50 DM betrug, konnte Herr R in seinem Briefwechsel mit dem Rechtsanwalt nun auf einmal auf 16,65 DM Lohn zaubern! Erst nach zwei Monaten durfte ich dann die inzwischen reparierte und renovierte Unfallstelle zur Feststellung meiner Versicherungsansprüche zeigen.

Ich war nicht der Einzige mit solchen Schwierigkeiten. Ein anderer Iraner, der mehrere Monate als Student bei dieser Firma gearbeitet hatte, bekam am Ende zu hören, er hätte als Student gar nicht so lange arbeiten dürfen, und müsse die Sozialabgaben zurückzahlen wie alle Schichtarbeiter. Sein Stundenlohn war jedoch als Student 13,50 DM. Als er sich weigerte, diese zurückzuzahlen, behielt Herr R solange sein Gehalt ein, bis auch der zum Rechtsanwalt ging. Er bekam infolgedessen nicht nur sein Gehalt, sondern auch mehr als 2 000 DM zusätzlich. Ab jetzt war aber auch klar, dass kein Iraner mehr bei der Firma B arbeiten würde.

Nach einem Vierteljahr wurde der Berufsgenossenschaft der Unfall gemeldet, niemand fragte, warum erst nach drei Monaten, und niemand wollte wissen, ob ich überhaupt hätte arbeiten dürfen. Mehrere Monate später bezahlte meine Versicherung das Geld und dazu kam auch ein Brief mit der Mitteilung: „Ab jetzt haben Sie keinen Anspruch auf Krankengeld“. Nach dem Unfall war meine Kasse also wieder leer. Ich bekam nochmals eine Unterstützung von der ESG. Nach zwei Monaten fing ich dann wieder mit der Arbeit bei Holz B an, obwohl mein Finger noch nicht geheilt war. Leicht waren die Bretter immer noch nicht, aber wenn man Geld braucht, geht es eben nicht anders. Ich arbeitete einige Tage, aber der Schmerz ließ mir keine Ruhe. So ging es nicht weiter, ich musste einen Weg finden, der die Arbeit leichter machte. Ich hatte nie mit einem Stapler gearbeitet, doch jetzt versuchte ich die Bretter mit dem Stapler umzustellen.

In den Winterferien 1990 arbeite ich in einer Firma in B und zwar als Schweißer. Der Meister erklärte mir damals, wie Schweißgeräte funktionieren. Diese Firma produzierte auch für den Iran. Ich konnte einfach nicht begreifen, warum musste man so einfache geschweißte Geräte von hier importieren? Die konnte jedes Kind herstellen, und die dazu benötigten Werkzeuge gibt es überall. Ich hätte die gleiche Arbeit für zwei DM pro Stunde im Iran verrichtet und hätte dann den Deutschen auch keinen Arbeitsplatz weggenommen!

Zu dieser Zeit wollte mein Cousin nach acht Jahren zum ersten Mal in den Iran fliegen. Er fragte mich, ob ich auch mitreisen wolle. Nach anderthalb Jahren wollte ich meine Kinder wieder sehen, ich hatte sie vermisst, aber ein Ticket hier zu besorgen war für mich zu teuer, ich konnte mir allerdings eines schicken lassen. Dafür brauchte ich aber die Bestätigung von der persischen Botschaft in Deutschland. Ich rief sie an, eine kalte Stimme antwortete: „Schicken Sie ihre Scheine mit einem Antrag." – „Ich habe aber noch keine Scheine, ich habe nur den Deutschkurs besucht!" – „Dann schicken Sie uns die Bescheinigung vom Studienkolleg." – „Die habe ich auch nicht", sagte ich und erklärte, dass ich aufgrund der Tatsache, dass ich schon ein Lizenziat hätte, nach dem Deutschkurs hätte weiter studieren können. Der Mann in der Botschaft schrie ganz aufgeregt: „Warum wollen Sie noch mal studieren? Wir brauchen so viele Lehrer, und Sie wollen noch mal studieren? Was wollen Sie hier? Was machen sie in einem fremden Land? Sabotage? Sie sind alle Saboteure, die ihre Ziele im Iran nicht erreicht haben und das jetzt aus dem Ausland versuchen, denn sonst wären Sie im Iran geblieben und hätten Hokumat-e-Mostazafin geholfen!" Ich antwortete ihm, dass Hokumat-e-Mostazafin unsere Hilfe nicht nötig habe, da ja schließlich Allah ihnen hilft. So ging die Diskussion weiter.

Ein deutscher Freund, der neben mir stand, fragte mich, was los sei, und ich fing an mit dem Mann der Botschaft deutsch zu reden, damit mein Freund hören sollte, wie unsere eigenen Landsleute uns behandeln. Um ihn in Verlegenheit zu bringen, sagte ich: „Also gut, ich darf nicht nach Hause fliegen. Ich muss also hier Asyl beantragen?" – „Das habe ich nicht gesagt." – „Ja, aber so haben sie es gemeint, und außerdem sind nicht alle Iraner, die im Ausland leben, Verbrecher. Sie sind auch ein Iraner im Ausland! Plötzlich wurde er leiser: „Kommen Sie nach B, vielleicht können wir etwas für Sie tun." Ich fuhr also nach B. Ohne dass mir besondere Fragen gestellt wurden, bekam ich ein Formular, welches ich ausfüllte. Tatsächlich bekam ich nach einer Woche die Flugkarte zugeschickt. Ich besorgte Geschenke für meine Familie und packte den Koffer.

Frau N fuhr mich bis zum Bahnhof. Ich war blass und zitterte. Sie fragte, ob ich Angst hätte und warum. „Das kann ich dir nicht sagen, das kann man erst verstehen, wenn man jahrelang dort gelebt hat." – „Es wird alles gut gehen", sagte sie. „Das kann mir aber niemand garantieren", antwortete ich.

Ich blieb einen Monat bei meiner Familie. Nach den anderthalb Jahren war das Land für mich noch fremder geworden. In meinem Land bin ich fremd und im Ausland ein Ausländer. Es ist sehr schwer, wenn man nirgendwo hingehört.

Eine Woche vor meiner Rückreise musste ich meinen Pass bei der Behörde abgeben. In dieser Woche konnte ich nicht gut schlafen. Ob ich das Land nochmals verlassen könnte? Vielleicht war meine Angst übertrieben, aber in diesem Land war alles möglich, man konnte aus einer reichen Familie stammen oder ein SAWAKI, ein Mofsed-e-Felarz, ein Mahareb-e-Ba Choda sein. Zum Glück konnte ich aber ohne Zwischenfälle wieder abreisen.

Ich wollte unbedingt Medizin studieren. Deshalb bewarb ich mich an mehreren Universitäten und arbeitete auch in der Wartezeit hier und da, bis ich Herrn

R kennen lernte, der auch Student war und eine Reinigungsfirma betrieb. Sein erster Eindruck von mir war wahrscheinlich, dass ich gar nicht arbeitsfähig wäre. Deshalb konnte ich erst nach drei Monaten bei ihm anfangen. Fast zwei Jahre habe ich dann bei ihm gearbeitet. Es würde eine lange Geschichte werden, wenn ich alles erzählen würde, was ich hier tun musste, um zu überleben. Ich sehe es aber als notwendig an, wenigstens einen Bruchteil zu beschreiben. Nur so können Iraner sich ein Bild davon machen, was sie hier erwartet.

Die erste Vorstellung, die die meisten von uns Fremden haben, ist wohl: Ausländer sind stumpfsinnige, beschränkte, drittklassige Lebewesen, die man übers Ohr hauen kann. Die Sprachschwierigkeiten bekräftigen und bestätigen diese Vorstellung auch. Man sieht die Dinge nicht so, wie sie sind, sondern so, wie man sie sehen will. Um am Arbeitsplatz oder anderswo das Gegenteil zu beweisen, muss man verdammt gut sein und schwer kämpfen, beim allmächtigen Gott! Überleben zwischen mächtigen Gegnern, macht mächtig:

„Wenn ein großer Herr dir Unrecht tut, lächle ihn an.

Aus Nigeria

Meine erste Arbeit bei dieser Firma war Kanalreiniger. Unsere Aufgabe war es, die etwa zwei Meter tiefen und 60 Zentimeter breiten Kanäle unter einer Fabrik zu reinigen unter primitivsten Bedingungen. Ohne Maske, ohne richtige Arbeitskleidung musste man den Dreck herauf holen. Die Luft war sehr schwer und stinkig, so dass man es nicht länger als eine halbe Stunde aushalten konnte. Der ganze Körper war beschmiert mit dem Dreck, so dass man nach der Arbeit nicht nur die Oberbekleidung, sondern auch die Unterwäsche wegwerfen musste, und das alles für 12,50 DM pro Stunde in der Nachtschicht.

Nach der Kanalreinigung mussten wir Kranträgerpfeiler von sechs bis sieben Meter Länge in circa fünf Meter Höhe putzen. Als ich von unserem Vorarbeiter dafür einen Helm verlangte, wollte er wissen, wozu ich den bräuchte: „Niemand trägt hier einen Helm." Ich antwortete: „Alle anderen sind Deutsche, und die sind unfallversichert, ich aber arbeite auf der Basis von 480 DM, und ich bin ein Ausländer." – „Dann arbeite halt nicht", antwortete er.

Ich habe oft mit Herrn L, diesem Vorarbeiter, zusammengearbeitet und jedes Mal seine spöttische Haltung mir gegenüber ertragen müssen. Das war so bis zu jenem Tag, an dem wir das Fenster einer Firma reinigen mussten. Es war Winter und sehr kalt, ich musste draußen arbeiten und er putzte die Innenseite. Nach einiger Zeit ging es nicht mehr, ich konnte meine Finger kaum noch bewegen. Ich nahm einen Stoffhandschuh und zog einen Gummihandschuh darüber. Er lachte mich aus: „Idiotischer geht es wohl nicht mehr." Einige Tage später, als wir woanders arbeiteten, hat er selbst dasselbe getan. Mein Kommentar war: „Wir sind vielleicht Idioten und unsere Ideen sind auch idiotisch, aber man muss noch idiotischer sein, wenn man diese Ideen nachahmt." Ich glaube, jetzt hatte er begriffen, dass ich kein Blatt vor den Mund nehmen würde. Ab jetzt hatte er mich immer ‚mein Freund' genannt, eine ironische

Bemerkung, was mir jedoch ziemlich egal war.

Während meiner Beschäftigung bei der Firma R habe ich alle möglichen Arbeiten verrichtet, mal anstreichen, mal Maschinen reinigen. Einmal fragte Herr R mich, ob ich verputzen könne. Ich wusste nicht, was das war. Ich musste mit Herrn A einem Studenten arbeiten, der genauso wenig wie ich Ahnung hatte, was das war. Als ich dann aber das Gipspulver sah, wusste ich auch, was zu tun war.

Nach den Semesterferien bot Herr R mir eine Arbeit bei der Firma F an. Diese Firma produzierte Röhren und beschichtete sie mit Beton. Firma R hatte die Reinigung des Betonmischers übernommen. „So viel darf ich eigentlich gar nicht arbeiten", sagte ich. Er rief darauf beim Arbeitsamt an, ich konnte mithören, als man ihm sagte, dass ich insgesamt sechs Monate im Jahr arbeiten dürfe, mit einer dreitägigen Pause in jedem Monat. Das bedeutete also, dass die Regelung mit den drei Tagen Zwangsurlaub nicht nur bei großen Firmen galt, sondern sie schien offensichtlich eine stillschweigende Vereinbarung zu sein. Es war schon merkwürdig; Warum wurde nicht schriftlich bestätigt, dass ich sechs Monate im Jahr arbeiten darf? Aber ich wusste ja schon, warum: weil ich als Nicht-Versicherter nach § 1 Abs. 3 Ziffer 1 LFZG arbeitete und mich deshalb mit weniger Stundenlohn abfinden musste und darüber hinaus noch nicht einmal eine Arbeitsunfallversicherung hatte.

Nur so kann man Arbeiter finden, die auch für 12,50 DM bereit waren die dreckigsten Arbeiten zu erledigen. Nur so kann man auch als kleine Firma erfolgreich werden oder konkurrenzfähig bleiben. Ich wollte aber nicht riskieren, einen Rechtsbruch zu begehen. Also nahm ich zwar das Angebot an, wollte aber als geringfügig Beschäftigter weiter machen. Meine Aufgabe bestand dann darin, die Betonmischer zu reinigen. Am ersten Tag musste ich mit einem Jungen von 17 bis 18 Jahren zusammenarbeiten, der sich als Vorarbeiter vorstellte. Er zeigte mir voller Stolz die Handgriffe, die ich zu tun hatte, und ging dann weg, angeblich um die anderen Arbeiter zu beaufsichtigen. So schuftete ich die ganze Zeit allein, holte schubkarrenweise Beton von der Anlage und schaufelte diesen in einen Container, der meine eigene Körpergröße überstieg. Als mein junger Vorarbeiter am späten Abend zurückkam und feststellen musste, dass die Arbeit noch nicht beendet war, begann er zu schreien und zu jammern: „Die Arbeit hätte längst fertig sein müssen, ich werde das alles dem R berichten." Ich packte meine Sachen und verabschiedete mich in Angst und Schrecken vom ‚großen Meister', den ich mit seinem Meisterwerk allein ließ. Am nächsten Tag habe ich den Arbeitsaufwand auf uns beide aufgeteilt, was er natürlich nicht akzeptierte und mit der Bemerkung quittierte, er würde hier kommandieren. Ich erledigte meinen Anteil und ließ meinen jungen Vorarbeiter in seiner Traumwelt weiter kommandieren.

In den Semesterferien durfte ich dann wieder zwei Monate voll arbeiten. Nach einem Monat kamen noch andere Betonmischer hinzu, die in der Halle gereinigt werden sollten. Es war eine mörderische Arbeit, täglich hämmerten und meißelten wir fünf bis sieben Stunden lang. Jetzt arbeitete ich mit dem Studenten P aus Rumänien zusammen. Immer wieder kamen neue Mitarbeiter hinzu, die als Schwarzarbeiter für einige Tage am Bau blieben. Den Löwenanteil der Arbeit mussten wir zwei erledigen. Nach einigen Wochen hatte Herr R einen Presslufthammer besorgt, der uns die Arbeit etwas erleichterte. Nach der Grundreinigung, die etwa zwei Wochen in Anspruch genommen hatte, wurde die Arbeit dann etwas leichter. Ich ging meist eine Stunde vor Ende der Arbeitszeit der Bauarbeiter an meine Arbeitsstelle und spülte die Anlage mit Wasser gründlich durch, da der Beton in feuchtem Zustand viel einfacher zu entfernen war als durchgetrocknet. Der verbliebene Rest wurde dann mit dem Presslufthammer gesäubert.

Gleich zu Beginn wurden wir vor dem Vorarbeiter der Firma F. einem Herrn S, gewarnt. Er sei ein unverschämter und giftiger Mensch. Das konnten wir bald an unserem eigenen Leib erfahren, als der Presslufthammer nicht mehr funktionierte. „Du Idiot, du nix verstehen, du nur kaputtmachen." Ich ging ganz ruhig zu ihm und fragte ihn, ob er ein Ausländer sei, was er voller Stolz verneinte. Er sei ein Deutscher und er könne auch mit den Geräten umgehen. Ich klärte ihn ganz ruhig darüber auf, dass Geräte nun mal kaputtgehen können und dass so etwas selbst ihm passieren könne, so wie auch sein Körper irgendwann einmal nicht mehr funktionieren könne und werde, obwohl er Deutscher sei. Im Übrigen bat ich ihn, seine Unzufriedenheit mit uns über die Firma R zu klären. Er antwortete nicht und ging weg. Eine halbe Stunde später kam er zurück:

„Auch wenn ich mal laut schreie, meine ich das nicht so." Ich sagte ihm, dass er unsere Antwort schon zur Kenntnis genommen habe.

Obwohl die Arbeit jetzt etwas leichter geworden war, blieb es weiterhin eine Plackerei, besonders wenn die Wasserleitung nicht richtig funktionierte, mit deren Hilfe man den freigeklopften Beton abspülen musste. Es geschah auch nicht selten, dass man in die einen Meter tiefe Rinne gehen und mit Hammer und Meißel alles reinigen musste. Uns wurde nie richtiges Werkzeug gegeben. Herr P kaufte dies sogar selbst. Gummihandschuhe mussten wir von der Firma F stehlen.

Bei der Arbeit wurde man schnell nass, Herr P, der schon längere Zeit dort arbeitete, beklagte sich dauernd über Schmerzen an Ellenbogen und Knien. Er wollte nicht glauben, dass dies von der ständig präsenten Nässe komme. Herr L, einer von Rs Mitarbeitern, war derselben Meinung: Niemand sei je von der Nässe krank geworden. So etwas zu hören, war absolut normal, da unsere Gesundheit die Zuständigen überhaupt nicht interessierte. Hauptsache, die Kasse stimmte und das Geschäft lief. Ich erinnerte mich an einen Fall, als ein Türke bei der Arbeit aus fünf Metern Höhe ausgerutscht und heruntergefallen war. Man verständigte die Polizei und Herrn R, welcher sich daraufhin nicht nach dem verletzten Menschen erkundigte, der bewusstlos auf dem Boden lag, sondern lediglich wissen wollte, ob die Maschine beschädigt sei.

Manchmal, vor allem wenn die Mixer zwei Schichten lang liefen, wurde der Beton im Mixer so hart, dass man in diesen hineinkriechen und ihn von innen mit dem Presslufthammer säubern musste. Dies war nicht nur sehr anstrengend, es rief auch noch so einen Lärm hervor, dass die Anwohner sich oft beschwerten, besonders in der Nacht. Uns gab man bei dieser Arbeit keinen Ohrenschutz und wegen einer Allergie konnte ich keine Ohropax benutzen. Als ich eine Nacht hindurch acht Stunden lang mit dem Presslufthammer im Mixer gearbeitet hatte, konnte ich nach der Arbeit kaum hören und hatte starke Kopfschmerzen. Als ich im Büro meldete, dass ich wegen der Lärmbelastung Kopfschmerzen hätte, lachten sie mich aus. Welcher Idiot sagt, dass man durch Lärm Kopfschmerzen bekommt?", fragte L.

Wer war hier tatsächlich der Idiot? Ich war ein Mensch, der eine normale Lebensentwicklung hinter sich hatte. In meinem Land habe ich mit Menschen zu tun gehabt, die in der analen oder phallischen Phase stehengeblieben waren, mit Leuten, die einen Ödipuskomplex oder Waschzwang oder ähnliches hatten, aber jetzt und hier hatte ich es mit Menschen zu tun, die zwar hoch entwickelt waren, die dafür aber unter Allwissenheitsphantasien litten!

Herr L gab mir mein Gehalt. „Jetzt vergessen Sie den Kopfschmerz, machen Sie einen Tag Pause, dann werden Sie Ihre eingebildeten Kopfschmerzen auch los."

Bei der Firma R waren Urlaub oder Krankfeiern Tabu-Themen. Herr P, der schon längere Zeit dort arbeitete, hatte bisher keinen einzigen Tag Urlaub gehabt, und von seinem Gehalt erhielt er regelmäßig 60 bis 70 DM zu wenig ausgezahlt. Er wehrte sich auch nicht dagegen: „Wenn ich hier nicht arbeite, wenn sie mir keine Arbeit geben, kann ich hier nicht überleben."

Nur einmal während der Semesterferien wollte ich für eine Prüfung lernen, und Herr P wollte während dieser Zeit die Verantwortung nicht allein übernehmen und machte auch einen Monat Pause. In dieser Zeit musste Herr R etwa 4 000 DM Strafe bezahlen, weil die Mixer oft nicht sauber und funktionsfähig waren. In der Rinne türmte sich der abgelagerte Beton über einen Meter hoch. Als wir wieder anfingen zu arbeiten, war uns klar, dass wir beide die ganze Reinigung übernehmen mussten. Dies dauerte sechs bis sieben Tagen in einer 60 bis 70 cm engen Rinne, ohne Ohrenschutz hätte man den Verstand verloren. Der dauernd betrunkene Herr K, der unser Leiter war, wagte sich überhaupt nicht in die Rinne. Er war der Meinung, für so eine Arbeit müsse mehr bezahlt werden. Während der Arbeit kam Herr L und sah, wie dort gearbeitet wurde. Ich sagte „Warum müssen wir immer für die anderen Farbenkleckser den Kopf hin halten, obwohl sie den gleichen Stundenlohn bekommen wie wir?“ Er murmelte: „Sie werden für diese Arbeit bestimmt mehr bezahlt bekommen.“ Als ich später diese versprochene Prämie einforderte, sagte Herr L: „Zum Teufel damit, Sie werden fünf DM mehr bekommen!“ Ich dachte, er spreche von fünf DM pro Stunde, aber nein, für die ganze Arbeit und Packerei wollte er uns fünf DM mehr geben. Oh nein, war ich so tief gesunken? Wieviel Ausbeutung musste ich noch zulassen? Aber nein, Herr L, ich bin ein geduldiger Mensch, und irgendwann wirst du auch dafür büßen. Deine Zeit wird auch irgendwann kommen. Hatte er mich zum Narren gehalten, weil ich nicht fließend Deutsch reden konnte? War er selbst nie im Ausland, hatte man ihn dort auch so behandelt?

Ein Arbeiter zu sein empfand ich nicht als Schande, ich bewunderte sogar die Leistung von Arbeitern. Wenn das mein Schicksal war, konnte ich auch damit leben. Aber warum musste ich erst so hoch steigen, um danach wieder so tief zu sinken, dass ich nicht einmal als einfacher Arbeiter Anerkennung fand? Nach 35 Jahren wusste ich noch nicht, wer ich bin, sogar meinen Kindern gegenüber hatte ich meine Rolle als Vater verspielt.

Nach anderthalb Jahren Arbeit bei der Firma R, als ich kurz vor Weihnachten im Büro war, um meinen Lohn abzuholen, sah ich mehrere Flaschen Whisky und Wein dort stehen. Herr L bemerkte das und sagte: „Sie trinken aber nicht." Ich antwortete: „Wer weiß, vielleicht doch!" Mit Widerwillen gab er mir einen billigen Wein. „Die anderen Flaschen sind für unsere guten deutschen Mitarbeiter gedacht." Ja, war ich das denn nicht? Darauf bekam ich aber keine Antwort. „Verstecken Sie die Flasche unter der Jacke. Wenn Herr R sie sieht, bekomme ich Ärger", sagte er noch.

Natürlich, die Arbeit bei der Firma hatte auch positive Seiten, ich musste nicht jedes Mal wie alle andere Studenten in den Semesterferien um eine Arbeit kämpfen, meist arbeitete ich nachmittags bei F, und vormittags mit L, überall, wo man mich brauchen konnte. Dazu gehörte auch die Firma B in S. Unsere Aufgabe war hier, Toiletten, Waschbecken, Duschen zu putzen sowie den Fußboden zu kehren. Wie oft ich die stinkende Dreck umrühren musste, bis die Toilette wieder funktionsfähig war, wie oft mir dabei schlecht geworden ist, weiß nur der liebe Gott. Natürlich hatte ich gut verdient, aber wie lange musste das so weiter gehen?

Im Sommer sollten meine Frau und meine Kinder nach Deutschland kommen, und sie wollten für immer hier bleiben. Sie wollten hier Asyl beantragen. Als sie bemerkten, dass das nicht möglich war, waren sie sehr enttäuscht. Ich konnte sie zwar sehr gut verstehen und wusste, unter welchem Druck sie standen, aber ich war damit nicht einverstanden. Sie wussten überhaupt nicht, was Asyl zu beantragen hier bedeutete, wusste auch nichts von Abschiebung, vom Abschiebungsgefängnis.

Meine Familie blieb drei Monate hier. Obwohl sie zu Hause versichert waren und ich hier, musste ich sie dennoch für diese drei Monate in Deutschland versichern. Eine Krankenversicherung war gar nicht möglich, im Falle einer Krankheit musste ich alles privat bezahlen, aber eine Unfallversicherung und eine Haftpflichtversicherung in Höhe von 750 DM für die drei Monate Aufenthalt musste ich abschließen. Die Versicherung sollte ein Jahr lang gelten.

Der Versicherungsvertreter Herr E machte daraus zehn, ohne mir das zu offenbaren. Ein Jahr später bin ich dann nach R umgezogen. Nach Ablauf des ersten Jahres schrieb mir dann meine Versicherung, dass ich den Beitrag bezahlen müsse. Die Briefe bekam ich wegen des Umzugs natürlich nicht, und als ich nach sechs Monaten später zufällig von der Sache erfuhr und über die rechtlichen Konsequenzen Bescheid bekam, rief ich Herrn E an und bat um die Rechnung sowie die Bankverbindung, aber er gab mir diese nicht. Ich schrieb oft, aber ohne ein Ergebnis. Ich ging also zum Rechtsanwalt, wo mir gesagt wurde, solange ich den Betrag nicht bezahlt hätte, sei ich nicht versichert, aber der Vertrag gelte dennoch, und sie würden ihre Forderungen auch rechtlich irgendwann durchsetzen können.

In R ging ich dann zur selben Versicherung und schilderte ihnen die Geschichte und fragte, ob ich von ihnen hier betreut werden könne. Sie wollten mir die Sache gar nicht glauben. Das sei ein Missverständnis, so etwas sei bei ihnen nie vorgekommen. Zugleich legte mir ein Mitarbeiter dieser Versicherung ein weißes Blatt vor! „Sie möchten bitte hier unterschreiben. Den Text dazu werden wir später schreiben.“ Das gibt es doch nicht, was denken diese Leute eigentlich? Ist das ein gesetzlich geschützter Raubüberfall? Was macht man mit solchen Menschen?

Im Semester, meist über das Wochenende, hatte ich Arbeit zu Festlöhnen an maximal zwei Wochenenden im Monat. Meinen ersten Festlohnauftrag hatte ich bei der Firma SUR, einem Sub-Arbeitgeber. Hier mussten wir immer zu zweit Fensterscheiben und Mattscheiben putzen. Wir waren dabei schneller mit der Arbeit fertig als Herr L dachte. Da versuchte er uns zum Narren zu halten: „Es waren weniger Quadratmeter als angegeben“, bekamen wir zu hören oder: „Der Besitzer der Firma SUR ist nicht zufrieden“ et cetera. Ich sagte nur, dass sowohl Firma als auch Fenster noch da seien und dass er das hoffentlich auch sehen könne, und ich nirgendwo ein Problem sähe. Nein, Herr L, mit uns wird dieses Geschäft leider nicht florieren. Ich hatte das schon oft genug gesehen, dass Arbeitskräfte angerufen und angebettelt wurden, Aufträge zu übernehmen, wenn keine anderen Arbeiter dafür gefunden wurden, obwohl sie ihre Stunden auf der Basis von 480 DM schon abgearbeitet hatten. „Es wird alles bezahlt!", hieß es dann. Am Ende des Monats gab es dann zwei Möglichkeiten, entweder wurde auf eine zweite Lohnsteuerkarte bezahlt, dann bekam man für mehr Stunden weniger Geld, oder und man verzichtete auf alles, was über 480 DM hinausging. Dies war leider für beide Seiten die günstigere Möglichkeit.

Obwohl ich mich jedes Jahr wieder für das Medizinstudium beworben hatte, bekam ich keinen Studienplatz. Auf Dauer konnte ich so ein Leben nicht führen. Deshalb beschloss ich, in die Niederlande zu gehen und dort mein Glück zu versuchen. Aber bevor ich wegginge, wollte ich mich unbedingt bei Herrn L vorstellen, er musste mich noch mal und diesmal richtig kennenlernen. Ich rief ihn an: „Ich habe so lange bei der Firma gearbeitet, jetzt möchte ich mein Urlaubsgeld." Er nahm mich selbstverständlich zu Beginn nicht ernst, aber irgendwann merkte er, dass es mir diesmal ernst war. „Sie bekommen es, aber unter der Bedingung, dass Sie ihren Mund halten. Die anderen dürfen davon nichts erfahren, sonst können wir das Ganze nicht mehr bezahlen, nicht einmal wenn wir die Firma verkaufen."

Einige Wochen nach diesem Ereignis rief mich Herr R an, ich solle im Büro vorbeikommen. Nach einer langen Einleitung, in der davon die Rede war, dass er so etwas nicht bezahlen könne, versuchte er jetzt, mir öffentlich zu drohen. „Sie durften eigentlich gar nicht so lange arbeiten. Sie werden in Schwierigkeiten geraten", sagte er, und ich antwortete ihm: „Ich hätte die ganze Zeit bei ihm nur in den Semesterferien und nur geringfügig gearbeitet und mich im gesetzlichen Rahmen bewegt, obwohl seine Angebote manchmal sehr verlockend waren." Ich wusste genau, wo und mit wem ich gearbeitet hatte. Wenn es sein musste, könnte ich die Adressen von allen Firmen, und Schwarzarbeitern vorlegen. Schließlich hat er bezahlt. „Aber halt den Mund, sonst bin ich pleite!" Ich informierte alle anderen Arbeiter, aber keiner wagte es, sein Recht zu einzufordern. Zu L sagte ich: „Schlechte Arbeiter bekommen doch teuren Wein!" Es war mir klar, dass ich ab jetzt bei der Firma nicht mehr arbeiten konnte. Meine Arbeit bei der Firma SUR wurde auch gestrichen, wo wir zu Festlohn schafften, und für nur drei bis vier Tage an zwei Wochenenden fast 480 DM bekommen hatten. Herr L schickte seinen Bruder an meine Arbeitsstelle, aber der konnte es nur einen halben Tag aushalten. Ich aber hatte meine Entscheidung getroffen, ich wollte in die Niederlande.

Mit Hilfe von Frau H von der ESG in S besorgte ich mir ein Visum für die Niederlande. Da bekam ich endlich eine Zusage der deutschen Universität in R für das Fach Medizin, obwohl man mir dort erst abgesagt hatte. Immer wenn ich am Ende war, passierte etwas, das die Richtung meines Lebens erneut änderte. Das schien mir irgendwie vorprogrammiert zu sein. Ich strebte zwanzig Jahre nach etwas, aber ich bekam es nicht, und dann, als ich aufgegeben hatte, bekam ich es doch noch. Was sollte das bedeuten? Sollte nun eine Epoche des Aufschwungs beginnen, oder durfte ich eine neue, vom Elend begleitete Periode des göttlichen Experiments durchleben? Ich beschloss, nach R zu gehen.

ENDLICH MEDIZIN STUDIEREN

Der Tüchtige hilft sich wie er helfen kann,
Und wenn zuletzt ihm Fehl zu Fehle schlägt,
Ergibt er sich dem Kreuze, das er trägt.

Johann Wolfgang von Goethe

Mit 38 Jahren fing ich endlich an Medizin zu studieren. Ich war 20 Jahre weg von der Schule, noch dazu hatte ich Sprachprobleme. Obgleich ich sehr gut deutsch verstand, waren die Fachausdrücke der Chemie, Biologie oder Anatomie für mich doch ganz fremd. Ich musste nochmals alle Begriffe neu erlernen. Es war, als ob ich wieder in einem fremden Land wäre. Dazu kam, dass ich Protokolle schreiben oder Experimente durchführen musste. Insbesondere die Biochemie brachte mich in Teufels Küche, ich kam mir vor wie ein geistig Beschränkter, obwohl ich das Fach vom Inhalt her nicht als zu schwer empfand. Ich musste es schaffen, und ich habe es auch geschafft.

Zu Beginn des zweiten Semesters stand ich mal wieder mit leeren Händen da und eine neue Periode der Erniedrigung begann: zur ESG in R gehen und betteln. Sie gaben mir 300 DM. Mit dem Geld fuhr ich nach S und arbeitete dort einige Tage. BAföG bekam ich nicht. Meine Freunde konnten mir nicht helfen. Für mein Land existierte ich nicht. Eine Arbeit während des Semesters als Ausländer aus einem Nicht-EG-Staat zu finden und ihr regelmäßig nachzugehen, war fast unmöglich für mich, umso mehr, als ich neu in R war. Das Geld reichte hinten und vorne nicht und ich stand vor der Wahl: Sollte ich aufhören zu studieren oder riskieren, Asyl zu beantragen? Gründe dafür hatte ich genug. Oder sollte ich nun richtig mit so anspruchsvollen Fächern wie Anatomie und Biochemie beginnen, die mir überhaupt keine Zeit übrigließen? Es war eine schwere Entscheidung, die mir viele schlaflose Nächte bereitet hat. Ich habe mich dann entschieden, doch meinen Traum zu erfüllen.

„Wie einer dessen Blut aus einer Wunde fließt, der auf den Arzt wartet, und sein Blut fließt weiter“,

pendelte ich zwischen meiner Wohnung und der ESG, bis ich mich endlich zwang hineinzugehen. Wie oft musste ich meine Lebensgeschichte noch erzählen? Herr Ö von der ESG in R gab mir ein Stipendium in Höhe von 650 DM für 6 Monate. Mit dem Geld konnte ich das Wintersemester beenden und auch in den Ferien einen Monat lang im P-H-Krankenhaus in R ein Praktikum ableisten. Und hin und wieder konnte ich auch für Lohn arbeiten.

Im Sommersemester, meinem dritten Semester, war die nie wirklich volle Kasse abermals leer. Dieses Mal sollte die KHG meine unheilbare Krankheit kurieren. Sie glaubten mir natürlich nicht, dennoch gaben sie mir für zwei Monate eine Unterstützung. Es war verdammt schwer, so zu überleben und zu studieren. Es nahm mir meine ganze Kraft, ich konnte kaum schlafen. Wie würde es weitergehen? Nachdem ich den letzten Pfennig ausgegeben und das Semester noch nicht zu Ende war, ginge ich wieder zur ESG, wo ich ein zinsloses Darlehen und 120 Essenmarken für die Mensa bekam. Verhungern würde ich also nicht.

Während der Sommerferien arbeitete ich bei der Firma B in R und verdiente da ziemlich gut, sodass ich meine Schulden zurückzahlen und nach zwei Jahren endlich wieder meine Familie besuchen konnte. Denn ich musste nicht nur mein Studium finanzieren, sondern ich musste auch meine Familie zu Hause finanziell unterstützen. Wie ich zurück nach Deutschland kommen und mich dort dann durchschlagen sollte, daran wollte ich überhaupt nicht denken, als ich sah, wie schwer meine Familie es im Iran hatte.

Bevor ich nach Hause fuhr, musste ich meinen abgelaufenen Pass erneuern. Zu dieser Zeit war ich noch nicht als Student in Deutschland von der persischen Botschaft anerkannt. Das geschah erst viele Jahre später. Infolgedessen gab es ein neues Problem: Am Flughafen in Teheran wurde mir gesagt, dass ich mit diesem neuen Pass nicht mehr nach Deutschland zurückfliegen dürfe. Es fehlte ein Stempel, der meine Rückkehr als Student möglich machte. Im Polizeipräsidium fragte mich der zuständige Beamte, ob ich in Deutschland denn studiere? Ich legte meinen Ausweis vor, und er meinte, solange der Stempel in meinem Pass fehle, sei ich kein Student und gleichzeitig sei ich auch kein Tourist, weil meine Aufenthaltsgenehmigung zu Studienzwecken ausgestellt und länger als drei Monate gültig sei. Ich sagte Herrn Pasdar E: „Entweder bin ich ein Student oder ein Tourist." Aber er brüllte mich wütend an: „Sie sind ein Nichts, Sie haben hier nichts zu sagen, ich bestimme hier, was Sie sind. Sie bekommen einen roten Stempel in Ihrem Pass." Das bedeutete, dass ich zwar mein Land verlassen konnte, aber nie wieder in den Iran zurückkommen dürfte. Aber ich hatte doch keine Straftat begangen! Warum dürfte ich nicht in mein Land zurückkehren? Ich würde es ja auch gar nicht wollen, denn ich hatte dort tatsächlich nichts zu sagen und zu suchen. Aber solange meine Familie als Geisel dort blieb, blieb mir nichts anderes übrig. Je mehr ich mich in diesem Sumpf bewegte, desto tiefer versank ich darin.

Ich blieb also einfach sitzen, und nach einiger Zeit sagte er zu mir: „Bezahlen Sie diese Gebühr und kommen Sie morgen wieder“ Am Tag danach, als ich sagte: „Die Gebühr habe ich bezahlt. Jetzt möchte ich als Tourist wieder zurückgehen dürfen“, schrie er wie irrsinnig: „Hier bestimme ich!“ Die gleiche Geschichte wiederholte sich dann beim Kauf des Rückflugtickets. Ich bekam keine Ermäßigung, weil ich kein Student war, den Touristenrabatt jedoch auch nicht, weil ich kein Tourist war.

Ich blieb zwei Wochen bei meiner Familie. Die meiste Zeit gingen wir schwimmen und angeln. Eines Tages gab es dabei einen Vorfall: Das Kaspische Meer ist in Bandaranzali durch eine Mauer in zwei Teile für Männer und Frauen geteilt. Wir hielten uns in der Männerabteilung der Mole auf. Da kamen plötzlich die Komitee-e-Pasdaran, um uns ‚halbnackte' Schwimmer zu vertreiben, die dann auch tatsächlich in einer einzigen Minute verschwunden waren. Einer fragte, was denn los sei? Da hieß es: Hajagha Akrami ist zurück. Er war ein Akhund, der nach der Revolution als Imam Jomeeh nach Bandaranzali kam. Er hatte alles, war Besitzer einer Villa in der Stadt, kam immer mit gepanzertem Auto und seinem Harem. Und seine keuschen Frauen und Töchterlein wollten den sonnigen Tag in der Villa genießen, wobei diese halbnackten Lebewesen am Ufer natürlich störend wirkten. Schließlich könnten ja seine Frauen und Töchterlein sich aus einer Entfernung von einem Kilometer womöglich in jemanden verlieben. Wir verließen auch die Mole und nun konnten die ‚Engel des Harems' mit modernsten Bikinis aus Europa sich sicher und ohne verführerische Zwischenfälle in ihrer Festung aalen.

Ich kehrte zurück nach Deutschland und war nach zwei Monaten wieder arm dran. Es war die Zeit zwischen Weihnachten und Neujahr. Das Studentenwohnheim war daher fast leer. Die lange Suche nach einer Arbeit war umsonst. Nicht einmal in der Mensa durfte ich arbeiten, weil ich nicht aus einem EG-Staat war. Ich rief alle Krankenhäuser und Altenheime an, natürlich ohne Erfolg. Dann schrieb ich an alle Einrichtungen, die in einem Umkreis von 60 Kilometer lagen. Die erste Zusage bekam ich aus K vom Haus ‚Sonnenblick'. Die Heimleiterin fragte mich, ob ich tatsächlich dort arbeiten wolle?" – „Ja. Das werde ich tun, weil ich keine Arbeit und kein Geld habe." Sie meinte, falls ich keine Arbeit fände, könnte ich bei ihnen gleich anfangen. Später bekam ich auch Antwort aus C vom ‚Haus am Steinwall' sowie vom Städtischen Krankenhaus in Bad G und von einem Altenheim in R. In C und Bad G gab man mir einen Vorstellungstermin.

In R konnte ich gleich anfangen zu arbeiten. Hier lebten alte und psychisch kranke Menschen. Am ersten Tag arbeitete ich zusammen mit einer Schwester. Am Tag danach fing ich schon an, allein zu arbeiten. In der Mittagspause sagte die eine Schwester mit Verwunderung und leisem Spott: „Du hast dich aber schnell selbständig gemacht." Ich habe in meinem Leben allerlei Arbeit geleistet. Es machte mir nichts aus, wenn meine Kleidung mit Urin oder Stuhlgang beschmiert war. Aber was ich hier erlebt habe, war einmalig, sodass ich nach zehn Tagen nicht weiter dort arbeiten wollte.

Ich bewundere die Schwestern und die Arbeit, die sie leisteten, und ich hoffe, dass ich mit der folgenden Beschreibung, die nur für meine Landsleute und meine Kinder gedacht ist, niemanden beleidige.

Sie haben dort für die Heimbewohner waschbare Einlagen benutzt. Diese Einlagen wurden zuerst von Hand, danach mit der Waschmaschine gewaschen. Bei dieser Arbeit musste ich immer wieder schlucken, wenn es mir sauer aufstieß, und einen krampfartigen Schmerz im Bauch durchhalten. So war es auch, als ich eines Morgens in ein Zimmer kam. Der Bewohner war richtiggehend getarnt und versteckt in seinem Stuhlgang. Die Schwestern übersahen ihn wohl regelmäßig. Ich wusste nicht, wie ich den Mann anpacken sollte, um ihn aus dem Bett herauszuholen. Ich umhüllte ihn mit Handtüchern und brachte ihn in eine Badewanne, wo ich den Schmutz an ihm erst einmal zehn Minuten einweichen ließ. Kaum war ich mit der Arbeit fertig, war die Badewanne schon wieder voll mit einer Mischung aus seinem Exkrementen und meinem Erbrochenen. Zum ersten Mal gab es eine Arbeit, die ich nicht aushalten konnte.

Ich arbeitete auch einige Tage in C und auch zwei Nächte pro Monat in Bad G. Da war für mich wieder alles in Ordnung. Das fünfte Semester nahm ich frei und in den Sommerferien arbeitete ich drei Monate voll im ‚Haus am Steinwall', wo mir die Arbeit Spaß machte. Zu diesem Zeitpunkt war ich zuversichtlich, dass ich mit der Wohnung vom Studentenwerk und der Arbeit in C und Bad G für eine Familie aufkommen könnte. Deshalb lud ich meine Familie nach Jahren der Trennung nach Deutschland ein. Das wurde vom Amt abgelehnt, wie ich auch erwartet hatte. Ich dachte daher, meine Frau könnte auch als Studentin herkommen. Dies hätte auch zwei Vorteile gehabt: Zum einen hätte sie ihr Studium hier fortsetzen können, von dem sie zwangsexmatrikuliert worden war. Zum andern hätte ich eventuell schneller mit meinem Studium fertig werden können. Wir hatten nie vor, für längere Zeit hier zu bleiben, sonst hätten wir dies ja schon früher getan als meine Frau und Kinder das erste Mal zusammen hier waren.

Ich besorgte einen Studienplatz für meine Frau und dazu eine Einladung für die Familie. Frau R von der deutschen Botschaft im Iran musste sie ablehnen, weil man als Studentin eine andere Einladung benötigte. Ich besorgte also eine neue Einladung, aber die wurde auch abgelehnt. Zum Studium sei es nun zu spät, sie könnte nicht rechtzeitig dort anfangen. Die ganze Prozedur, die Organisation von Wohnung, Einladung, und Studienplatz wiederholte sich noch einmal. Gleichzeitig versuchte ich, mich auch auf mein Studium zu konzentrieren, um meine erste Prüfung, das Physikum, abzulegen. Nach etwa einem Monat bekam ich eine Karte vom Ordnungsamt R. Zum genannten Termin erschien ich dort, nur um zu erfahren, dass die Einreise schon abschlägig entschieden worden sei. Als ich nach dem Grund fragte, bekam ich ein paar unklare und nicht zur Sache gehörende Antworten.

Da Herr B mir keinen richtigen Grund nennen konnte oder wollte, bin ich an Herrn K verwiesen worden. Der sagte mir dasselbe noch einmal: „Der Antrag ist schon abgelehnt worden." Ich fragte, wenn er doch abgelehnt worden sei, welchen Sinn es dann noch habe, mir eine Karte zu schicken und mich hierher zu zitieren. Er sagte, er habe mir einfach sagen wollen, dass er abgelehnt habe, und setzte fort: „Sie kommen hierher, Sie nutzen unseren Sozialstaat aus", und es ging so weiter. Ich kann und darf nicht alles schreiben, was mir dazu einfällt.

Ich sagte: „Meine Aufenthaltsbewilligung ist begrenzt und wird jedes Jahr verlängert, und Sie können auch dies jederzeit verhindern." Er meinte, so einfach sei das nun auch wieder nicht, es gebe Gesetze. Ich antwortete: „Was für ein Gesetz? Ein Gesetz, das mir erlaubt, meine Familie bei mir zu haben, oder Ihr eigenes Gesetz? Nein, Herr K, Gesetze sind auf dem Papier, Politik ist im Kopf." Er sagte nun leise, aber ganz deutlich und herrschsüchtig: „Es ist eine Anweisung des Innenministeriums, ausländische Familien getrennt zu halten, um sie damit zwingen zu können, das Land zu verlassen." Gut zu wissen, Frau Familienministerin. So ist das also: „Sie müssen sich entscheiden, entweder die Familie vergessen und ein normales(!) Leben hier führen oder Ihr Studium abbrechen und das Land verlassen. Natürlich können Sie als Asylant auch Ihre Familie hierher bringen." Man fragt sich, wieso ‚natürlich'? Lebt doch der Asylant nur von Steuergeldern. Ich durfte also meine Familie hierher holen, aber nicht als freier Mensch, der nicht von der Sozialhilfe leben will. Ich war sehr enttäuscht, aber so schnell wollte ich doch nicht aufgeben.

Ich ging zur ESG und beschrieb mein Erlebnis auf

dem Amt für öffentliche Ordnung. Sie wollten es einfach nicht glauben. Herr Ö rief Herrn K an, musste sich aber auch enttäuschen lassen. Meine Bücher waren auf einmal uninteressant für mich, ich lief von einem Amt zum anderen, von einem Rechtsanwalt zum anderen. Frau S, eine Rechtsanwältin, riet mir zur Frau Oberbürgermeisterin zu gehen. Was ich auch versuchte, allerdings gab mir ihre Sekretärin zunächst keinen Termin. Auch dieser musste ich dann schließlich noch einmal die ganze Geschichte erzählen, auch sie wollte das alles nicht glauben. Sie rief Herrn K an. „Ja, richtig, das ist eine Anweisung des Innenministeriums." Ja, es war zwar unglaublich, aber wahr. Ich schrieb an alle Parteien, aber außer ‚Bündnis 90. Die Grünen' antwortete keine. So ist es.

> *„Mein Sohn, die Leiden der Armen springen weniger ins Auge als ihre Verbrechen, deshalb empfinden wir wenig Mitleid mit ihnen. Wenn sie vor Hunger oder Kälte sterben, sind sie unter sich. Und den Begüterten fallen sie nur auf, wenn sie betteln, stehlen und rauben."*

Obwohl ich in den Ferien nicht gearbeitet hatte, konnte ich mich mit Hilfe von Nachtwachen im Städtischen Krankenhaus von Bad G finanziell über Wasser halten. Die Pflegedienstleitung dort hatte mir inzwischen bescheinigt, dass sie mich zwanzig Stunden pro Woche im Semester beschäftigen könne. Mit der Zustimmung des Akademischen Auslandsamtes sollte auch die Ausstellung einer Erlaubnis durch das Arbeitsamt kein Problem sein. Allerdings war diese Arbeitserlaubnis auf die Dauer meiner Aufenthaltsbewilligung beschränkt.

Ich fuhr zum Arbeitsamt in R, wo ich die gleiche Antwort bekam: „Sie wollten hier studieren, nicht arbeiten." Eigentlich haben sie alle auch Recht, aber was ist mit meinem Recht?

> *„Ich will nur leben, ja nur leben, dieses Recht steht jedem Menschen zu."*

In meinem Land durfte ich das nicht, hier auch nicht, warum bin ich überall unerwünscht? Nun machte die Pflegedienstleiterin Frau C auch Schwierigkeiten. Ich dürfe während des Semesters nicht arbeiten! Ich schickte ihr die Bescheinigung, die es mir erlaubte, 60 Tage im Jahr zu arbeiten, und so durfte ich wenigstens wieder zwei Nächte im Monat Nachtwache halten. Nach einiger Zeit wurde mir auch dieses untersagt. Als ich nach dem Grund fragte, antwortete sie nur: „Wenn ich sage, Sie dürfen nicht, dann dürfen Sie auch nicht, und ich brauche dafür keinen Grund zu nennen." Nach einem Jahr, als ich wieder versuchte, mit der Bescheinigung zu arbeiten, musste ich mich überraschen lassen: Auch dieses Gesetz war nach einer mysteriösen Anweisung vor einem Monat außer Kraft gesetzt worden. Wie viele solche Anweisungen gibt es noch?

ÜBER FLÜCHTLINGE

Rechtlosigkeit, das ist die Unglückswolke im
Menschentum; wer die heraufbeschwört,
der hat Gott selber gegen sich empört.

Sándor Petőfi

Haben Sie, werte Lesende, sich jemals gefragt, wer eigentlich Flüchtlinge sind und woher sie kommen? Sie kommen aus den Ländern, die durch die schmutzigen Geschäfte Ihrer Staaten ausgebeutet werden.

„Wer Waffen schmiedet, bereitet Krieg und muss davon der Zither Klang nicht erwarten."

Johann Wolfgang von Goethe

Noch nie in der Geschichte der Bundesrepublik waren Migranten so gut ausgebildet wie in den vergangenen Jahren. Wenn in Deutschland heute noch von Migration geredet wird, denken viele noch immer an die Arbeiter aus Anatolien, die man in den 1960ern hierher geholt hat, aber nicht an den Ingenieur aus Spanien oder den Mediziner aus dem Iran.

Was hätte ich hier zu suchen, wenn es die von Industrieländern produzierte und induzierte Revolution und den achtjährigen Golfkrieg nicht gegeben hätte? Diese Ereignisse haben uns gezwungen, hierher zu kommen. In der Schah-Zeit waren die iranischen Grenzen zur ganzen Welt offen und es hat damals nicht so viele Auswanderer aus dem Iran gegeben. Erst nach der iranischen islamischen Revolution und dem Golfkrieg beobachtete man die massenhafte Flucht von gut ausgebildeten Leuten und Akademikern und natürlich auch Kapitalisten.

Aber warum acht Jahre Krieg? Wer waren die Gewinner dieses dreckigen Krieges? Iraner oder Iraker waren es nicht. Die beträchtlichen Schäden an der

Infrastruktur und der Industrie wurden wie folgt beziffert: im Iran mit 664 Milliarden US-Dollar und im Irak mit 452 Milliarden US- Dollar. Die gesamten Öleinnahmen beider Länder von 1919 bis 1988 beliefen sich auf 418,5 Milliarden US-Dollar. Man geht von bis zu einer Million Toten insgesamt aus.

Am Ende des Krieges blieben die Grenzen unverändert. Gewinner waren die Industrieländer, der Krieg am Persischen Golf hat den größten Waffenhandel der Weltgeschichte ermöglicht. Etwa 33 Länder verkauften Waffen an den Iran und den Irak, oft auch an beide Gegner gleichzeitig, obwohl §6 Abs.3 Nr.1 des Kriegswaffenkontrollgesetzes vorsieht, dass „bei Gefahr der friedensstörenden Verwendung der zugelieferten Kriegswaffen, bei einer friedenstörenden Handlung, keine Kriegswaffen bzw. Rüstungsgüter in die Regionen geliefert werden dürfen". Nach dem Außenwirtschaftsgesetz §7 können Exporte beschränkt werden, wenn sie eine Störung des friedlichen Zusammenlebens der Völker bedeuten. Aber leider werden beim Export von Kriegswaffen, die nach dem Kriegswaffenkontrollgesetz und dem Außenwirtschaftsgesetz genehmigungspflichtig sind, beide Augen zugedrückt oder der Verkauf wird sogar verleugnet. Und das ist politische Anästhesie.

„Zöge man sich hier zurück, müsse man eben das Feld der Rüstungsproduktion den Engländern oder Franzosen überlassen."

Ein deutscher Politiker

Im Laufe der acht Jahre Krieg zwischen Iran und Irak haben alle Industrieländer direkt oder als Zwischenhändler profitiert, entweder in Form von Waffenverkauf oder aus dem Import billiger Rohstoffe.

In dieser Zeit hatten die Amerikaner 120 Panzermunitionen deren Verfallsdatum abgelaufen war und dessen Vernichtung einen Haufen Geld kosten würde, über den F'er Flughafen kostengünstig entsorgt. 1986 haben die USA trotz des Embargos Waffen in den Iran geliefert. Der amerikanische Geheimdienst CIA, Colonel Oliver North vom nationalen Sicherheitsrat sowie die israelische Regierung waren an diesem Geschäft beteiligt und bei der Lieferung von Rüstungsgütern an den Iran sind die Profite mit bis zu zehnfachem Aufschlag auf den handelsüblichen Preis getätigt worden, der Traum eines jeden Händlers. Natürlich hatten auch kleinere Vermittler ihren Profit, z. B. verkauften die antikommunistischen Mudschahedin in Afghanistan Stinger-Luftabwehrraketen, die von der Schulter aus abgefeuert wurden. Sie kosteten auf dem normalen Waffenmarkt der USA 25 000 Dollar: Die Iraner bezahlten dafür an die Mudschahedin nur 2 000 Dollar, die SAM 7 (ebenfalls aus den USA) wurde zusammen mit einer Abschussrampe für nur 800 Dollar in den Iran verkauft. Dabei bezahlten die Iraner die Rechnung für die Waffen nicht einmal bar, sondern hochkonzentriertes Heroin aus dem Iran war das beliebteste Zahlungsmittel. Und der Gegenwert wurde auf die Schweizer Konten der Stammesfürsten transferiert.

Nach: Günes, Ankara, 23. 8. 1987

Israelis wurden von diesem Geschäft auch nicht

ausgeschlossen, sie verkauften moderne Waffen im Wert von 500 Millionen Dollar jährlich, und die Europäer haben auch einen großen Teil von diesem riesigen Kuchen gehabt. In Österreich, zum Beispiel, wird das Unternehmen X beschuldigt, in den Jahren 1985/86 mindestens 140 Kanonen im Wert von 300 Millionen Dollar an den Iran verkauft zu haben (bekannt als ‚Noricum-Affäre'). Jetzt weiß man, warum Kriege, besonders der Golfkrieg, für die Industrieländer so wichtig waren. Das hängt mit der Struktur der europäischen Rüstungsindustrie zusammen, sie ist auf den Export angewiesen. T, ein Vertreter der französischen Rüstungsunternehmer, behauptete stellvertretend:

„Wir können uns nicht erlauben, das Embargo (gegen Iran und Irak) zu unterstützen, ohne die französische Rüstungsindustrie zu gefährden."
Und auf die Frage, was denn passieren würde, wenn Iran und Irak plötzlich Frieden machen würden, antwortete er: „Wir würden Teheran als Kunden für immer verlieren und das ist einfach nicht möglich."

New Statesman 24.7.1987

„Was ist unser höchstes Gesetz? Unser eigener Vorteil."

Johann Wolfgang von Goethe

Experten schätzen, dass die beiden Staaten insgesamt 50 Milliarden US-Dollar für den Krieg ausgegeben haben. Das ist nur ein Beispiel. In seinem Buch ‚Die Schuld des Nordens. Warum der Norden dem Süden 40 Billionen Mark schuldet' macht Hafez Sabet eine bessere Rechnung auf: Bei fairen Wirtschaftsbeziehungen schuldet der Norden der Erde dem Süden 50 Billionen Dollar! Das ist das Vierfache der Schulden der Drittweltländer. Unter Berücksichtigung dieser Tatsache, dass mit dem Geld für nur einen Panzer Schulen für 30 000 Schüler gebaut werden könnten, oder mit dem Geld für ein Jagdflugzeug 40 000 Apotheken ausgestattet werden können, habe ich da nicht Recht, wenn ich sage, dass die Infrastruktur in den Industrieländern auch mit unseren Geldern errichtet worden ist? Dürfte ich also sagen, dass ich deshalb diese sozialen Einrichtungen auch nutzen darf? Die Antwort ist wahrscheinlich: Nein, wir haben Geschäfte gemacht, und Geschäft ist Geschäft.

Nun, nehmen wir an, dass das so auch richtig ist. Warum dürfen dann die kleinen ‚Geschäftsleute', die Asylanten, Ansiedler, Flüchtlinge nicht auch ihre Geschäfte durchführen? Ja. Geschäft ist Geschäft. Ich möchte hier keine Ansprüche geltend machen, ich möchte nur fragen, ob Sie angemessen reagieren auf die Flüchtlinge, die in Ihren reichen Ländern Schutz vor Verfolgung suchen? Zwischen 1815 bis 1914 sind etwa 40 Millionen Menschen von Europa nach Amerika ausgewandert, darunter rund sieben Millionen Deutsche. Allein im 19. Jahrhundert sind fast fünf Millionen Deutsche in die Vereinigten Staaten ausgewandert und fast 700 000 seit 1950. Mehr als 50 Millionen Amerikaner geben heute an, deutsche Vorfahren zu haben. Amerika existiert heute noch und die Amerikaner haben ihr Land an die Deutschen nicht ‚ausverkauft'.

Die deutschen Einwanderer waren eine Bereicherung für Amerika, sie haben das gesellschaftliche, geistige und kulturelle Leben der Vereinigten Staaten sehr stark geprägt, das dürfte dem Verfasser des Buches ‚Deutschland schafft sich ab' bekannt gewesen sein. Die Gründe für die Auswanderung waren auch wie heute wirtschaftliche und politische Ursachen oder Kriege, die diese Menschen gezwungen haben, diese Entscheidung zu treffen. Hat man sie Wirtschaftsflüchtlinge genannt? Hat man ihre Familie von ihnen getrennt gehalten? Hat man ihnen das Leben durch verfassungswidrige Anweisungen erschwert?

Vielleicht sind zu viele Flüchtlinge nach Deutschland gekommen?
Aber weiß man auch das?

- Neun von zehn Flüchtlingen (also 86%) leben in Entwicklungsländern.
- Der Iran nahm trotz seiner Wirtschaftskrise fast drei Millionen afghanische Flüchtlinge auf.
- Die Türkei ist zurzeit das Land, das weltweit die meisten Flüchtlinge (1,59 Millionen, Stand Ende 2014) aufgenommen hat.

DER LANGE WEG DER INTEGRATION

Man kann mit einer Wohnung einen Menschen
genauso töten wie mit einer Axt.

Heinrich Zille

Die ursprüngliche Heimat ist eine Mutter,
die zweite eine Stiefmutter.

Aus Russland

Nach acht schweren Jahren verließ ich mein Land für immer. In den weiteren acht Jahren meines Lebens in Deutschland fern von der Familie versuchte ich immer wieder, irgendwie meine Frau und die beiden Söhne hierher zu holen. Aber alle meine Versuche waren gescheitert. Also versuchte ich nochmals einen Studienplatz für meine Frau zu besorgen, damit sie auch hierher kommen könnte. Herr H vom akademischen Auslandsamt, der mich gut kannte und dem mein Problem sehr gut bekannt war, sah zwar die Chance für meine Frau, einen Studienplatz zu bekommen als sehr groß an. Aber hierher zu kommen, werde für sie nicht einfach sein. „Junge, du hast selber viele Probleme, wie wirst du mit der neuen Situation fertig werden?" – *„Ich bin der Küchenmeister, der Brot aus Wasser und Kleister backt und aus dem Abfall noch Suppe macht."* Er gab mir dann auch noch 120 Essenmarken für die Mensa. „Genieß es!"

Nun musste ich eine Einladung für meine Frau für die Dauer ihres Aufenthaltes besorgen. Die einzige Person, die mir dabei helfen konnte, ließ mich aber warten. Es war eine kräftezehrende Zeit. Jede Woche musste ich ein- bis zweimal bei der Familie N anrufen und um diese Einladung betteln, obwohl die Familie sicher sein konnte, dass ich ihr nie zur Last fallen würde. Als alles soweit war, ging meine Frau zur deutschen Botschaft im Iran. Wie erwartet wurde eine Einreise nach Deutschland nicht zugelassen, aber die deutsche Botschaft im Iran gab meiner Frau die Möglichkeit, allein als Studentin nach Deutschland zu fahren, vorausgesetzt, dass sie dies schriftlich bestätige. Als meine Frau das schriftliche Einverständnis vorlegte, waren sie dort schockiert.

Sie hatten nicht damit gerechnet, dass eine Frau und Mutter so etwas machen würde. Eine Mitarbeiterin der deutschen Botschaft sagte zu der Sachbearbeiterin: „Das ist aber ungewöhnlich und menschenrechtswidrig! Wie kann man so etwas machen und verlangen? Wie kann man die Kinder von ihren Eltern getrennt halten?"

Obwohl ich damit auch nicht einverstanden war, hat meine Frau es getan. Sie wollte die zwei Kinder bei ihren Geschwistern lassen, um hierher zu kommen und zu erreichen, was ich in acht Jahren nicht erreichen konnte: Unsere Kinder dann auch für immer hierher zu holen. War ein Vagabund zu wenig? Ich gebe zu, dass das kein Leben und keine Ehe war, was wir führten. Aber was konnte ich machen? Wenn ich an die Zeiten dachte, als ich kein Geld hatte und Kartoffeln und Mais von Feldern sammelte oder als ich kurz vor meinem Physikum kein Geld hatte und niemand mir etwas Geld ausleihen konnte und wollte bis die Prüfung vorbei war! Wie sollte ich jetzt hier mit einer Familie zurechtkommen? Ich bekam nicht nur keine Unterstützung, sondern ich durfte auch nicht immer arbeiten außer in den Semesterferien, wenn ich überhaupt in dieser Zeit eine Arbeit fand.

Im Sommer 1995 kam meine Frau dann allein nach Deutschland. Ich wohnte damals im A-K-Studentenheim in R. Erschöpft von den Prüfungen musste ich jetzt in den Semesterferien arbeiten, die einzige Möglichkeit, die mir zum Geldverdienen blieb. Ich arbeitete auch drei Monate Tag und Nacht im Altersheim ‚Haus am Steinwall' in C. Meine Frau war überrascht, als sie mein Zimmer sah und was ich noch besaß. Ja, so lebt man hier! Sie war jetzt hier, aber sie musste wieder viel allein sein, denn ich musste arbeiten, für ein Familienleben gab es auch jetzt keine Zeit. Manchmal nahm ich meinen Schlafsack und fuhr einen Tag vorher nach C und schlief irgendwo, um am Morgen rechtzeitig bei der Arbeit sein zu können, weil so früh insbesondere am Wochenende kein Zug dorthin fuhr. Ich arbeitete als Aushilfe, das hieß, dass es kein Krankfeiern und keinen Urlaub für mich gab. Nur die Stunden wurden bezahlt, die ich arbeitete. Ich war froh, dass ich arbeiten durfte, mein Arbeitgeber auch glücklich, dass er einen so billigen, zuverlässigen Arbeiter mit medizinischen Kenntnissen hatte. Wir wussten aber beide, dass ich regelrecht ausgenutzt wurde, was mir auch mein Arbeitgeber nicht verheimlichte. Nach drei Monaten war meine Arbeit beendet, weil die Semesterferien wieder vorbei waren.

In der Zeit war auch meine Frau als Studentin an der Universität in R eingeschrieben. Ab jetzt mussten mit dem, was ich verdient hatte, zwei Personen zurechtkommen. Das hieß, dass meine Frau immer mehr von dem verkaufen musste, was wir zuhause im Iran noch besaßen, um Dollars hierher zu schaffen. Außerdem brauchten wir eine größere Wohnung, wir konnten nicht ewig in einem neun Quadratmeter großen Zimmer zusammen leben. Im August 1995 gab ich eine Annonce bei der Zeitung auf, dass ich bereit sei, eine alte, kranke Person gegen Kost und Logis zu betreuen. Tatsächlich bekam ich unerwartet eine Antwort von einer Familie aus C. Die Bedingungen waren so: Ich musste in der Nacht im Haus sein und zwar das ganzen Jahr über. Die Gegenleistung wäre ein fast kostenloses, möbliertes Einzelzimmer mit Küche und Bad.

Ich rief die Familie an. Als ich mich als Iraner vorgestellt hatte – das tat ich absichtlich, um spätere Irritationen zu verhindern – gab es wie erwartet eine kleine Unterbrechung. Ich redete aber weiter und schlug vor, wenn die Familie über mich mehr wissen wollte, könnte sie auch Auskunft von meinem Arbeitgeber im ‚Haus am Steinwall' bekommen, was der Sohn der Familie auch nutzte. Eine Woche später traf ich den Herrn am Bahnhof in C. Wir fuhren zusammen zu seinen Eltern, die ich nachts betreuen sollte. Er zeigte mir die Wohnung, die meine zukünftige Unterkunft sein würde.

In meinen bisherigen acht Jahren Aufenthalt in Deutschland habe ich nie genügend Geld gehabt, um etwas zu kaufen, lebte wie ein Vagabund. Ich wusste auch hier wieder nicht, wie lange ich bleiben würde und dürfte! Ob wir irgendwann alle zusammen leben dürften? Was ich besaß, waren Sachen, die ich als Geschenk bei verschiedenen Anlässen bekommen oder von einem Studenten hinterlassen benommen hatte, der weggezogen war: ein Bett von einer Studentin, Geschirr vom Flohmarkt.

Im Oktober 1996 zogen wir in unsere neue Wohnung in C. Beim Transport meiner Habseligkeiten half mir ein deutscher Freund. Er transportierte meine Sachen mit seinem Wagen. Als er beim Wenden in den Eingang der Garage eines Nachbarn fuhr, versperrte der Besitzer des Hauses uns den Rückweg, beschimpfte uns laut und drohte uns, dass er uns bei der Polizei anzeigen werde. Mein Freund und ich waren überrascht. Die Antwort meines Freundes war: „Machen Sie es." Zu mir sagte er: „Ja, so sind wir." Jetzt waren wir in der Wohnung. Ich hatte eine andere Vorstellung von einer möblierten Wohnung. Sogar mein kleines Zimmer im Studentenheim war besser eingerichtet. Was sich hier an Möbeln befand, war ein uralter, zum Teil kaputter, einer Grundreinigung bedürfender Elektroherd und ein Küchenschrank, der aber sicher seit 30 Jahren dort stand und dessen richtige Farbe kaum erkennbar war. Dazu gab es noch einen Kleiderschrank, der halbseitig gelähmt war und eine Eingeweideoperation nötig hatte.

Die Personen, die ich in der Nacht betreuen musste, waren ein etwa 90 Jahre alter Mann, der seit zehn Jahren halbseitig gelähmt war und in der Zeit davor von seiner Frau und der Diakoniestation versorgt worden war. Jetzt war seine Frau nach einem Schlaganfall auch halbseitig gelähmt. Die gesamte Familie war sehr nett, trotzdem wollte ich mein kleines Zimmer im Studentenheim behalten, falls wir irgendein Problem haben sollten, sodass wir wieder zurückziehen könnten. Die Wohnung war sehr ruhig, im Gegensatz zum Studentenheim gab es hier keine laute Musik, kein Geschrei um Mitternacht. Ich dachte mir, hier ist es sehr ruhig, hier kann man sich sehr gut auf das Physikum vorbereiten.

Ich hatte mich aber zu früh gefreut. Meine Aufgabe war es, in der Nacht da zu sein, falls das Paar irgendwann Hilfe bräuchte, und zwischen 20 und 21 Uhr abends und gegen sechs Uhr morgens zu schauen, ob alles in Ordnung sei, und das das ganze Jahr über! Wir hatten auch vereinbart, falls in der Nacht irgendetwas passieren sollte, sollte die Ehefrau mich mit einem Baby-Phone benachrichtigen können. Die erst Nacht war ruhig, aber ab der zweiten Nacht ging es los. Zuerst fing ich alle Sendungen von Babyphons aus der Umgebung auf, eine Person wollte ihren Kummer los werden, eine andere hatte sich mit ihrem Freund gestritten, woanders weinte ein hungriges Kind und zwischendurch meldete sich auch Frau T, die mich um Hilfe bat. „Hallo, hallo, bitte kommen!“, rief sie mich per Funk. Ihr war es egal, ob es ein oder drei Uhr morgens war.

Ab jetzt konnten wir nie mehr ruhig schlafen. Ich träumte jetzt tatsächlich von meinem kleinen Zimmer im Studentenheim. Wenn ich schlief, schlief ich immer in der Angst, geweckt zu werden. Es war schlimmer und schwerer als eine Nachtwache. Denn da weiß man, dass man die Nacht wach bleiben muss für ein paar Tage im Monat, hier hatte ich theoretisch keine Nachtwache, aber praktisch war es nie möglich zur Ruhe zu kommen. Schlafen war jetzt für mich zum Alptraum geworden.

Und tagsüber hatte ich auch keine Ruhe. Das Haus war sehr hellhörig, und die Frau T wusste, dass ich mich auf meine Prüfung vorbereitete und anwesend war. Sobald irgendetwas nicht klappte oder die Betreuerin, die tagsüber für sie zuständig war, Minuten später kam oder einkaufen ging, rief sie mich an „Mir geht es nicht gut, ich muss dringend Urin lassen.“ Oft stand sie tagsüber, wenn die Betreuerin nicht da war, vom Rollstuhl auf und legte sich auf den Boden. Damit wollte sie natürlich den Leuten aus ihrem Umfeld beweisen, dass ich zwar zu Hause war, aber ihr, einer hilflosen Frau, nicht geholfen hatte. Später erzählte sie es ihrem Sohn und sogar den Nachbarn und den Schwestern von der Diakonie. Oft bin ich von Fremden angesprochen worden: „Wenn man da ist, kann man auch zwei bis drei Minuten einer alten, hilflosen Frau behilflich sein.“

Das nächtliche Aufwecken wurde immer intensiver. Die Anlässe waren vielfältig: „Ist der Herd ausgeschaltet? Brennt das Licht bei meinem Mann? Ist das Bettgitter bei ihm oben?" Das fand statt ab Mitternacht und dann stündlich, obwohl ich jedes Mal versicherte, dass alles in Ordnung sei. Wenn ich der alten Frau sagte, dass ich auch meine Ruhe bräuchte und schlafen möchte, war die Antwort: „Das ist aber keine Arbeit. Sie können jetzt auch schlafen gehen." Müde und erschöpft von der nächtlichen Plagerei, begann ich mich auf meine Prüfung vorzubereiten, aber es fehlte mir die Konzentration, nicht nur, weil ich müde war, sondern ich dachte auch immer voll Sorge an meine Kinder. Wie soll es weitergehen? Musste ich in diesem Haus bleiben? Wo sollte ich hin? Wo ist mein Gott? Wo ist mein Land?

Wenn ich „Heimweh" sage, sag ich „Traum".
Denn die alte Heimat gibt es kaum.
Wenn ich Heimweh sage, mein ich viel:
Was uns lange drückte im Exil.
Fremde sind wir nun im Heimatort.
Nur das „Weh", es blieb.
Das „Heim" ist fort.

Mascha Kaleko

Das Problem war nicht, dass ich auch tagsüber der alten Frau helfen musste! Das Problem war, dass das später als selbstverständlich angesehen wurde, was ich nur als menschenfreundliche Ausnahme gegenüber einer hilflosen Frau gesehen hatte. Wenn ich einmal als Abwechslung zum Lernen Rasen gemäht hatte, wurde es im Laufe der Zeit zu meiner Aufgabe. Das geschah so schleichend, dass ich irgendwann für alles zuständig war.

Womit soll ich den Anfang machen, wie
Die Worte klüglich stellen, daß sie Euch
Das Herz ergreifen, aber nicht verletzen!
O Gott, gib meiner Rede Kraft, und nimm
Ihr jeden Stachel, der verwunden könnte!
Kann ich doch für mich selbst nicht sprechen, ohne Euch
Schwer zu verklagen, und das will ich nicht.
– Ihr habt an mir gehandelt, wie nicht recht ist.

Friedrich Schiller

Ich bekam täglich einen Schock verpasst und wurde danach doch stärker. In so einer Situation, müde von unruhigen, schlaflosen Nächten und innerer Unruhe, begann ich mich auf meine Prüfung vorzubereiten. Es war Winter und kalt. Besuche gab es nicht, die eventuell eine Abwechslung in unserem eintönigen Leben hätte bringen können. Wir waren nicht nur allein, wir waren richtig einsam. Das Lernen war für mich der einzige Ausweg, um diesem Zustand auszuweichen. Ich musste diese Prüfung bestehen, nur so konnte ich sicher sein, dass mein Aufenthalt um ein weiteres Jahr verlängert würde und ich konnte sogar mit einem Stipendium rechnen, wenn auch nur für kurze Zeit.

Mit großer Hoffnung meldete ich mich zur Prüfung an. Sie bestand aus einem schriftlichen und einem mündlichen Teil. In der Regel kam zuerst der schriftliche Teil und nach ein paar Tagen der mündliche Teil. Jetzt bekam ich aber unglücklicherweise den mündlichen Prüfungsteil vor dem schriftlichen. Das bedeutete für mich zwei Wochen Zeitverlust, ich musste zwei Wochen früher damit anfangen, um mich für den mündlichen Teil vorzubereiten. Ein Medizinstudent weiß, wovon die Rede ist. Im schriftlichen Teil sind die Fragen sehr präzise und es wird die kleinste Einzelheiten unter die Lupe genommen, im mündlichen Teil sind die Fragen allgemein und werden nach Lust und Laune gestellt und auch interpretiert. Eine Woche vor meiner mündlichen Prüfung bekam ich Bescheid, dass ich in den Fächern Physiologie und Biochemie geprüft würde. Drei Tage vor der Prüfung wurde bekannt gegeben, dass für das Fach Physiologie Professor L und für das

Fach Biochemie Professor W zuständig sei. Jetzt musste ich mich auf diese beiden Personen und ihre Lieblingsthemen und -fragen konzentrieren. Mir blieben nur zwei Tage, mich an diese neue Situation anzupassen. Wie geplant war ich mit meiner Prüfungsgruppe um acht Uhr im Physiologischen Institut in R. Nach einiger Zeit kam auch Professor W zu uns und wollte wissen, wie der schriftliche Teil gelaufen war. „Wir machen erst den mündlichen Teil, dann den schriftlichen", antwortete eine Studentin. Er konnte nicht fassen, warum das so war. Er machte einen netten und beruhigenden Eindruck. Kurz danach ging Herr Professor L an uns vorbei in sein Büro, es schien so, als ob er uns nicht gesehen hätte. Er kam dann wieder zurück, war offensichtlich schlecht gelaunt und führte uns ohne einen Wortwechsel zu seinem Büro. Er bot uns Platz an und zugleich holte er ein Bündel Karten aus seiner Aktentasche heraus, die in drei Farben sorgfältig sortiert waren. Es war eine ungemütliche Atmosphäre, es wirkte, als ob einige ‚Glückspieler' sich um einen Tisch versammelt hätten.

Was bedeuteten diese Zauberkarten, die Herr L immer bei sich hatte? Der Professor hatte vor Jahren ein Buch mit dem Titel Pathophysiologie – Pathobiochemie geschrieben. Ob das Buch für das Fach Physiologie geeignet war, war für mich eine Frage. Dessen Inhaltsverzeichnis hatte er als Fragen auf diese Karten geschrieben, aufgeteilt in drei verschiedenen Farben. Die Themen waren: Sympathikus, Hypertonie, Energiestoffwechsel und so fort. Wir ‚Glückspieler' durften nun je drei Karten in drei verschiedenen Farben ziehen.

Jeder Student stellte sich zunächst vor und legte

zugleich seinen Ausweis und die Einladung für diese Prüfung vor. Ich tat das auch und zeigte ihm meinen Pass. Er saß neben mir und hatte mich schon die ganze Zeit angestarrt. Obwohl in der Einladung ausdrücklich geschrieben stand ‚Pass oder Ausweis', sagte er zu mir: „Ich kann das aber nicht lesen." Dabei hatte er meinen Pass überhaupt nicht in die Hand genommen. Ich öffnete meinen Pass, zeigte ihm das Foto, meinen Namen und Geburtstag, alles in Deutsch geschrieben. „Warum können sie es nicht lesen?", fragte ich. Er klappte den Pass zu, warf ihn auf den Tisch und sagte zu mir: „Spielt keine Rolle!"

Ich war schockiert, aber ich versuchte, Ruhe zu bewahren, denn diese Prüfung hatte viel Bedeutung für mich. Er fragte Herrn W, ob er mit der Prüfung anfangen wolle? Als Herr W ihm die Entscheidung überließ, fing er selbst an. Auf meiner ersten gezogenen Karte stand das Wort „Sympathikus" als Frage. Ich wusste zuerst nicht, was er von mir hören wollte. Es war aber nicht zu schwer, es heraus zu bekommen. Ich sah ja, was er von den anderen Studenten wissen wollte. Die Antwort, die er hören wollte, war eine Mischung aus Anatomie, Biochemie und Physiologie. Jetzt musste ich meine erste Frage beantworten. Mein erster Versuch, die Frage vom anatomischen Aspekt aus zu beantworten gefiel ihm nicht. „Das will ich aber nicht hören!", sagte er. Daher versuchte ich es mit einer anderen Antwort. „Ja, gut, das will ich aber auch nicht hören!" Als er alle meine Antworten mit dem gleichen Satz „Das will ich aber nicht hören!" beantwortet hatte, stellte ich eine Gegenfrage: „Was möchten Sie denn von mir hören?"

Er wollte nur eine bestimmte Liste hören, nämlich die, die in seinem Buch stand. Also nur das ‚Alte Testament' wurde akzeptiert, die Existenz des ‚Neuen Testamentes' hatte er einfach ignorieren wollen. Als ich zwei weitere Fragen nicht ausreichend beantwortet hatte, wie er anmerkte, sagte er zu mir: „Die Fragen und Antworten stehen alle in meinem Buch!"

Nach etwa zehn Minuten Pause fing dann Herr W an, seine Fragen zum Fach Biochemie zu stellen. Bei ihm durfte man ein Thema selbst wählen, und er stellte die Fragen zu dem ausgewählten Thema. Der erste Student wollte über DNA und RNA reden, der zweite Student hatte das Thema Zucker ausgewählt. Es schien, dass Herr W auf diesen Moment gewartet hatte, und fragte nach Formeln: „Warum Doppelbindung? Warum Einfachbindung? Warum O-H hier? Und so fort..."

In seiner Verzweiflung sagte dieser Student: „Das ist aber reine Chemie, und worüber ich geprüft werden müsste, ist eigentlich Biochemie!" Die Antwort war: „Das müssen Sie auch wissen!" Die ganze Sache dauerte fast 30 Minuten, dann sagte Herr W: „Es hat kein Sinn." Der dritte Kandidat wollte über Enzyme reden, um eventuell dem lästigen Fragen und Formelschreiben zu entfliehen. Herr W war richtig überrascht, weil es bei diesem Thema keine Formel gab, nach der er fragen konnte. Vielleicht war er auch nicht für dieses Thema vorbereitet. Er lehnte sich zurück und sagte: „Es gibt so viele Themen, und Sie wollen über Enzyme reden?" Der Student antwortete: „Wenn ich die freie Wahl habe, ja!" Herr W machte ein enttäuschtes Gesicht und sagte: „Von mir aus!" Der Student redete und Herr W konnte keine Fragen stellen, der junge Mann redete immer weiter. Als er fast zehn Minuten ungestört geredet hatte, sagte Herr W zu Ihm: „Wechseln wir das Thema!" und stellte seine erste Frage: „Was passiert mit Aminosäure im Körper?" Der Student gab einige unpassende Antworten, und Herr W fragte wieder nach Formeln. Es dauerte nochmals weitere zehn Minuten. Plötzlich drehte Herr W sein Gesicht zu mir, schaute auf seine Uhr und sagte zu mir: „Leider haben wir keine Zeit mehr! Reden Sie weiter über Aminosäure." Damit meinte er den Stoffwechsel der Aminosäuren und den Harnstoffzyklus. Er fragte wie üblich nach den Formeln. Nach insgesamt vielleicht fünf Minuten sagte er wiederholt: „Wir haben keine Zeit, wir haben unsere Zeit überschritten, wir machen Schluss!"

Nach etwa zehn langen Minuten, die wir draußen warten mussten, kam Herr L und teilte uns mit, dass zwei Personen durchgefallen und die anderen zwei mit Note vier gerade davongekommen seien. Ich und eine Studentin waren die Durchgefallenen. Die Studentin hatte sechs Monaten zuvor bei Herrn L und Herrn W in denselben Fächern die Prüfung bestanden, aber damals den schriftlichen Teil leider nicht und war nun insgesamt durchgefallen. Herrn L hatte die Studentin gekannt und das beim Beginn unserer Prüfung auch erwähnt. Nachdem die Entscheidung getroffen war, sagte Herr L zu der Studentin: „Sie waren letztes Mal so gut und jetzt so, woher kommt das?" Ja Herr L, woher kommt das? Wie konnte so etwas passieren? Warum schafft eine Person die Prüfung nicht, die sie beim ersten Mal bestanden hat? Kann man behaupten, dass Sie für die übernommene Aufgabe nicht geeignet sind oder Ihre Prüfungsmethoden korrekturbedürftig sind? Die Frage sollten Sie sich stellen, nicht die betroffene Person.

Hoffnungslos, deprimiert und erschöpft verließ ich das Physiologische Institut. Und jetzt, was passierte jetzt? Wie müsste es weitergehen? In ein paar Monaten würde meine Aufenthaltsbewilligung abgelaufen sein, würde sie wieder verlängert werden? Ich lief einfach ohne Ziel, ohne zu wissen wohin. Unterwegs traf ich eine Medizinstudentin, bald wusste sie auch, was mit mir geschehen war. Sie lud mich zu einer Tasse Kaffee ein. Es gab nicht viel zu erzählen. „Und nun, wie soll es weiter gehen?", fragte sie mich. Sie wusste über alle meine Probleme Bescheid, sie wusste, dass meine Aufenthaltsbewilligung hier für das Studium und damit begrenzt war. Das alles war ihr bekannt, denn sie war Kurdin. Wir tranken Kaffee, die Zeit verging langsam, ich hatte es auch nicht eilig. Im eigenen Land war ich fremd und abgeschoben, im fremden Land nicht erwünscht und ratlos. Ich war sehr niedergeschlagen, das Leben hatte irgendwie seinen Sinn für mich verloren. Als ich sie nach dem Sinn des Lebens fragte, fing sie an, ganz leise zu weinen, erzählte mir von ihren Selbstmordgedanken. Sie hatte die deutsche Staatangehörigkeit, hatte kein Problem hier zu bleiben und zu arbeiten, deswegen fragte sie mich nach einer langen Stille: „Würdest du mich pro forma heiraten? Das machen viele, damit ist auch dein Problem gelöst, ich werde mich sowieso irgendwann umbringen und du kannst dann immer bei deiner Familie bleiben."

Ich gab ihr keine Antwort, sie schwieg auch, die

Tränen in ihren Augen sah man immer noch. Eine verzweifelte Person gibt ihre einzige und letzte Möglichkeit freiwillig einer anderen verzweifelten Person ab in der Hoffnung, dass diese Person im Leben weiterkommt. Aber die hoch gebildeten Professoren hatten mir meine Hoffnung weggenommen. Ich wechselte das Thema und verabschiedete mich von ihr.

Meine Frau hatte es geahnt, aber wir redeten kein Wort über die Prüfung. Ich konnte einfach nicht mehr schlafen, ich hatte keine innere Ruhe, zu Hause konnte ich nicht bleiben. Kraft, aus dem Haus zu gehen, hatte ich auch nicht. Ich musste ständig daran denken, wie Herr L meinen Pass und damit meine Identität verächtlich gemacht hatte. Diesen Moment konnte ich einfach nicht vergessen. Warum hatte Herr W keine Zeit mehr für mich? Von einer hoch gebildeten Person erwartet man mehr Toleranz und gegenseitigen Respekt. Beides war hier nicht der Fall, und das machte meinen Schmerz noch unerträglicher. Diese Unzufriedenheit ließ mich keine Minute in Ruhe.

Nach drei schlaflosen Nächten beschloss ich, zu den beiden Professoren zu gehen. Mir war klar, dass niemand mir glauben würde. Beweisen konnte ich diese Anschuldigung auch nicht. Daher nahm ich einen Walkman und ging zu den beiden Professoren. Professor L konnte ich nicht erreichen, deshalb ging ich zu Professor W. Ich schaltete das Gerät an, versteckte es aber in meinem Rucksack und ging einfach hinein. Nachdem ich mich vorgestellt hatte, fragte ich ihn, warum er bei der Prüfung keine Zeit für mich gehabt hatte. Ich fragte natürlich auch nach dem Grund meines Misserfolgs.

„Kein Kommentar, Sie können da auch nichts machen!", antwortete er. „Ich will auch nichts machen, ich möchte nur wissen, wo mein Problem war!", sagte ich. Er antwortete lächelnd: „Mein Gott!" Meine weiteren Versuche und Fragen beantwortete er immer lächelnd mit: „Mein Gott!" Bei weiteren Nachfragen dazu warum alle ein Thema auswählen und frei darüber reden durften, ich aber nicht, hieß es: „Mein Gott, es spielte auch keine Rolle. Sie waren so schlecht in Physiologie, dass Herr L nicht damit einverstanden war, Ihnen die Note Vier zu geben! Das heißt, die Entscheidung war schon gefallen, bevor Sie mit der Prüfung angefangen haben?", fragte ich. Er bekräftigte es mit einem Kopfnicken. Ich war so aufgeregt, dass ich nicht mehr richtig deutsch sprechen konnte. Da er nicht mehr reden wollte, und ich auf alle Fälle eine Antwort auf meine quälenden Fragen haben wollte, redete ich immer weiter: „ Mein Problem war, dass ich die Fragen in Physiologie nicht richtig verstanden habe, ich wusste nicht, was Herr L von mir wollte. Wenn ich eine Frage nicht verstehe, kann ich auch keine richtige Antwort geben. Im Übrigen habe ich seine Fragen beantwortet, besser gesagt, ich habe versucht, die Fragen zu beantworten, aber er wollte nur das hören, was in seinem Buch geschrieben war!" Er widersprach mir: „Das ist aber kein gutes Argument, wer hier studieren will, muss die Sprache beherrschen."

Ich zweifle daran, ob das eine gute Rechtfertigung war, was er jetzt vorbrachte. Ich konnte zwar nicht fließend deutsch sprechen, denn ich habe im Alter von 33 die Sprache gelernt. Aber ich verstand die Sprache sehr gut und ich konnte mich gut artikulieren, wenn auch mit einfachsten Worten. Ob er eine Fremdsprache auch soweit beherrschte? Ob er einmal eine Prüfung in einer Fremdsprache abgelegt hatte? Ich habe die Fragen nicht verstanden, weil es keine wirklichen Fragen waren, sondern er nur hören wollte, was in seinem Buch stand. Lächelnd und schweigend verließ ich den Raum. Ich habe die Kassette immer noch, aber seitdem habe ich nie versucht, die Kassette abzuspielen. Ob alles so aufgenommen worden ist, wie ich es geschildert habe, dessen bin ich mir nicht ganz sicher. Ich habe das aufgeschrieben, woran ich mich heute noch erinnern kann. Ich hatte einen Beweis, einen schamhaften, demütigenden Beweis, eine Schande für mich. Ich war tiefer gesunken als ich dachte, ich ließ mich unterdrücken. Aber was konnte ich machen? Mit dem Beweis, den ich jetzt hatte, konnte ich die beiden Professoren verklagen, aber wovon hätte ich einen Rechtsanwalt bezahlen können? Ich kann meinem Elend nicht entfliehen, es ist überall präsent.

Wegen dieser Prüfung hatte ich in den Ferien nicht so viel arbeiten können wie sonst. Bis zum Semesteranfang hatte ich noch etwas Zeit. Also nutzte ich diese und arbeitete im ‚Haus am Steinwall' in C, wo ich immer herzlich willkommen war. Mit Semesteranfang würde ich wieder nicht arbeiten dürfen, gegen Bücher hatte ich derzeitig auch eine starke Aversion. Ich musste einfach bis zu den nächsten Semesterferien warten. Ich war dazu verdammt, untätig zu sein. Um meinen Widerwillen gegen Bücher abzubauen, fing ich an das Buch ‚Embryonale Entwicklung' in meine Muttersprache zu übersetzen, was ich auch mit Erfolg beenden konnte.

Obgleich es im Iran keinen Abnehmer fand, konnte ich damit mein Interesse an Büchern zurückgewinnen.

> *„Ich habe Schiffbruch gelitten auf der ungestümen See dieser Welt, die Hoffnungen meines Lebens hab' ich müssen sehen in den Grund sinken, und blieb mir nichts übrig als die marternde Erinnerung ihres Verlustes, die mich wahnsinnig machen würde, wenn ich sie nicht durch anderwärtige Tätigkeit zu ersticken suchte."*
>
> *Friedrich Schiller*

Im Sommer 1997 arbeitete ich wieder drei Monate im ‚Haus am Steinwall'. Um mehr Geld zu verdienen, hielt ich öfter Nachtwache. In diesem Sommer konnten mich meine Kinder nach jahrelanger Trennung besuchen. Wir wohnten zu viert in einem Zimmer, es war unser Wohnzimmer, Schlafzimmer und der Hobbyraum für die Kinder. Oft kam ich müde nach der langen Nachtwache nach Hause, und die Kinder, die ihre Schulferien genießen wollten, waren nun wach und munter, wollten fernsehen, spielen oder mit dem Vater etwas unternehmen. Sie waren aber oft enttäuscht. Was konnte ich machen? Sollte ich mit der Arbeit aufhören und mich um die Kinder kümmern, worauf sie Anspruch hatten? Musste ich sie wieder nach Hause schicken? Wenn sie jetzt zurückgehen würden, wann wäre ein Wiedersehen wieder möglich? Musste ich noch einmal Jahre darauf warten? Sie blieben drei Monate. Eine Verlängerung ihrer Aufenthaltserlaubnis war in meiner jetzigen Situation nicht realisierbar, dazu hätte ich einen Rechtsanwalt gebraucht, was mir finanziell nicht möglich schien. Sie mussten also wieder zurück.

Ich hatte gehört, dass Ausländer in den Niederlanden es in allem etwas leichter haben. Vielleicht konnte ich mein Studium dort fortsetzen. Ich bewarb mich wieder an den niederländischen Universitäten und wartete ab. Nachdem meine Aufenthaltsbewilligung nach Wochen des Wartens und Bangens um ein weiteres Jahr verlängert worden war, fing ich auch langsam an, mich nochmals auf das Physikum vorzubereiten. Wenn ich dieses Mal durchfallen sollte, dann musste ich mit dem Studium aufhören und das Land verlassen. Allein dieser Gedanke raubte mir meine gesamte Kraft und die Konzentration beim Lernen. Zurück in den Iran? Was und wo konnte ich da anfangen? Um nicht in so eine Zwangslage zu geraten, bewarb ich mich für das Fach Zahnmedizin an den deutschen Universitäten. Die Sinnlosigkeit dieser Handlung war mir bewusst, aber wo gab es sonst einen Ausweg? Diese Maßnahme eröffnete mir eine kleine illusorische Aussicht, dass ich hier weiter bleiben konnte.

Im Frühjahr 1998 meldete ich mich erneut für die Prüfung an. In der Zeit fuhr meine Frau nach Hause, weil meine Kinder die Trennung nicht mehr aushalten konnten und ihre Leistungen in der Schule extrem nachließen. Ich war gut vorbereitet, ein deutscher Freund, der im anatomischen Institut im Präparierkurs assistierte, nahm mich oft mit und wir übten an der Leiche. Dummerweise war wieder die mündliche Prüfung vor der schriftlichen, außerdem war wieder ein Fach meiner mündlichen Prüfung Physiologie und mein Prüfer war wieder Professor L! Allein der Gedanke, ihm gegenüberzutreten, machte mich nervös. Zugleich bekam ich Absagen von allen Universitäten, an denen ich mich beworben hatte. Der Schock war groß. In ein paar Monaten würde meine Aufenthaltsbewilligung ablaufen, was würde passieren, wenn ich durchfallen sollte? Auf einmal war ich wie gelähmt, ich hatte das Gefühl, alles vergessen zu haben, was ich gelernt hatte, ich konnte mich nicht mehr konzentrieren, konnte auch mit niemanden über meine Lage reden, niemand war für mich da, und wenn doch, helfen konnte mir niemand. Mitleid konnte ich auch nicht ertragen.

Nach zwei Tagen bekam ich Bauchweh, Erbrechen und Durchfall, ich konnte es nicht mehr aushalten. Ich ging zum Arzt, beschrieb meinen Zustand, er schrieb mich krank. Ein Neurologe bescheinigte die Erkrankung ebenfalls. Aber das Prüfungsamt erkannte das alles nicht an, und beorderte mich zum Gesundheitsamt in R. Dort wurde ebenfalls mein Zustand bestätigt. Um den Druck aushalten zu können, nahm ich Psychopharmaka.

Nach einigen Tagen rief mich mein deutscher Freund an, und wollte wissen, wie die Prüfung abgelaufen sei. Ich erzählte ihm alles. Am Tag danach rief er mich frühmorgens wieder an, weil er, wie er sagte, sicher sein wollte, dass ich noch lebe: „Na ja, in so einer Situation kann man unbedacht eine Torheit begehen!" Er meinte damit Selbstmord. Selbstmord! Daran dachte ich gar nicht. Wer so viel Kraft und Mut hat sich umzubringen, hat auch die Kraft und den Mut weiter zu leben. Weiter leben und weiter kämpfen ist einfacher als Selbstmord. Für meine Familie würde ich weiter leben und kämpfen. Ich hatte schon fast alles verloren, es gab ab jetzt nichts mehr zu verlieren, ich konnte ab jetzt nur gewinnen. „Will man mich zur Hölle schicken? Ich lebe in der Hölle!"

Im Sommer 2000, nachdem Herr T eine Einladung für meine Kinder geschrieben hatte, kamen sie wieder mit meiner Frau nach Deutschland. Sie waren erwachsener, aber auch fremder geworden. Wir lebten wieder zusammen in einem Zimmer, und ich arbeitete wieder Tag und Nacht. Meine Familie war das Einzige, das mir noch geblieben war. Ich wollte sie unter keinen Umständen verlieren. Ich entschied, dass die Kinder hier blieben. Nach Ablauf ihrer Aufenthaltsgenehmigung versuchte ich, sie verlängern zu lassen. Wie erwartet wurde das abgelehnt.

Um einen Ausweg zu finden, fuhren wir zusammen in die Niederlande. Die Menschen waren dort sehr hilfsbereit, sie konnten einfach nicht glauben, dass meine Kinder jahrelang von mir getrennt gehalten wurden und dass ich nach so vielen Jahren Aufenthalt hier immer noch kein Recht hatte, in Deutschland zu bleiben, obwohl ich in keiner Weise vom Staat Unterstützung bekam. Sie schlugen mir vor, dass ich es lieber noch mal in Deutschland versuchen sollte.

Wir kehrten wieder zurück nach Deutschland, ich rief noch mal beim Landratsamt an, Herr B erkannte meine Stimme sofort und antwortete ganz laut: „Die Kinder müssen weg, am besten Sie auch mit!" Oh nein, Herr B, ich bin zwar ein Verlierer, aber so schnell werde ich dieses Mal nicht klein beigeben. Am Tag danach ging ich zu ihm und wollte einen Antrag auf Verlängerung der Aufenthaltserlaubnis für meine Kinder stellen. Er wurde wütend und sagte zu mir: „Die Kinder sind illegal nach Deutschland gereist und müssen sofort das Land verlassen. Sie könnten bestraft und ausgewiesen werden!" Er gab mir kein Antragsformular. Ich verließ das Landratsamt. Ich redete mit einem Rechtsanwalt und beauftrage ihn in dieser Angelegenheit. Er vereinbarte einen Termin mit Herrn B. Am vereinbarten Termin gingen wir zu ihm ins Landratsamt. Mein Rechtsanwalt stellte sich und mich vor. Herr B war sehr unruhig. Er wurde noch unruhiger, als mein Rechtsanwalt fragte: „Warum darf mein Mandat keinen Antrag stellen? Warum haben Sie ihm kein Antragsformular gegeben?" Herr B war ganz leise geworden und antwortete auf seine Frage: „Die Kinder sind illegal nach Deutschland gereist!" – „Das stimmt nicht, sie sind mit einem Visum von der deutschen Botschaft im Iran nach Deutschland gekommen, und bis heute leben sie auch hier ganz legal", erwiderte mein Rechtsanwalt und fragte zugleich nochmals, warum er mir kein Antragsformular gegeben habe. „Er hat es nicht verlangt!" Als ich ganz laut fragte, weshalb ich denn wohl hier gewesen sei, starrte er mich aufgeregt an. Ich wiederholte noch einmal: „Ich war gestern hier und Sie haben sich geweigert, mir das Formular zu geben. Sie haben mich sogar mehrere Male bedroht, dass wir alle ausgewiesen werden könnten!" Er gab mir das Formular. Nach einiger Zeit bekamen dann meine Kinder eine Verlängerung für ein Jahr.

RINGEN UM DIE EXISTENZ

Wenn du zurück zur Quelle willst, dann mußt du gegen den Strom schwimmen.

Aus dem Zen-Buddhismus

Ich war froh, dass meine Kinder hier bleiben durften. Sie mussten aber erst Deutsch lernen, daher gingen sie zunächst in einen Vorbereitungskurs. Ich hatte ausreichend Zeit und half ihnen. Der Kurs sollte ein Jahr dauern, aber nach etwa zwei Monaten waren sie soweit, dass der Vorbereitungskurs ihnen nichts mehr bieten konnte. Ich musste für sie eine Schule suchen, ihre damaligen Lehrerinnen halfen mir auch dabei.

Wir wohnten weiterhin in einem Zimmer, die nächtliche Plagerei ging weiter, auch die Kinder hatten keine ruhigen Nächte. Ich gab Annoncen in der Zeitung auf in der Erwartung, dass ich eine Familie zum Betreuen fände, die uns eine größere Wohnung anbieten könnte. Dann und wann fand ich Familien, die an meiner Offerte interessiert waren, aber sobald ich mich vorstellte, war wurde daraus nichts. Nachdem sich dieser Vorgang mehrere Male wiederholt hatte, bekam ich Angst. Was passierte, wenn die Familie T mir auch kündigen würde? Bis jetzt war es nur mein Leben, das ich aufs Spiel setzte, aber jetzt war ich nicht mehr allein. Dürfte ich auch die Lebensbasis meiner Kinder aufs Spiel setzen? Ich durfte und konnte meine Angst niemandem offenbaren. Ich durfte nicht traurig sein, ich musste ein Überlebenskünstler, ein Clown, sein.

Es war mir klar, mit dem Geld, das ich in drei Monaten verdiente, und ein paar Dollars, die meine Frau immer von zu Hause mitbrachte, konnte man kein normales Leben führen. Es musste überall gespart und auf vieles verzichtet werden, aber meine Kinder waren immer bestens versorgt. Ich lief unentwegt, atemlos, um das Ziel zu erreichen, ich blieb aber immer auf der gleichen Stelle. Um im Leben weiter kommen zu können und weiter zu sparen, las ich drei Monate lang Äpfel und Birnen auf, ich stand morgens ziemlich früh auf und suchte in den umliegenden Obstwiesen Äpfel und Birnen, brachte sie nach Hause und presste sie mit einem Entsafter. So brauchte ich kein Wasser, Saft und Obst zu kaufen. Diese Situation erinnerte mich an die Zeiten im Iran, als ich am Strand nach den toten Fischen suchte, um die Hühner satt zu kriegen. Ich wusste, dass meine Kinder sich dessen schämten, was ihr Vater tat. Musste ich mich auch schämen? O nein. Ich habe mich heute wie auch damals beim Fischsammeln am Strand ganz brav bei meinem Gott bedankt.

Mein jüngerer Sohn fragte mich einmal: „ Ist das nicht ‚haram' was du machst? Die Äpfel gehören doch nicht uns!" – „ Ist das keine Sünde, wenn ich euch hungern, euch für weitere zehn Jahre von mir trennen lasse?" Ich stahl nicht, um mich zu bereichern, ich stahl, weil man mir keinen anderen Ausweg übrigließ. Aber was ist mit mir und meinem Leben? Man hat meine Existenzgrundlage, meine Freiheit und meine Zukunft gestohlen. Hatten auch die keinen Ausweg, die das taten? War alles unausweichlich?

Oh mein Gott, ich habe dich gesucht, als ich ein Kind war und im Schnee vor der Schule mit nassen Schuhen hin- und herlief, um der stechenden Kälte zu entfliehen. Ich habe nach dir gefragt, als ich Hunger hatte und der Duft des frischen Brotes mich – ein Kind! – in den Wahnsinn trieb. Ich habe nach dir gebrüllt, geweint und geflucht. Wo bist du, lieber Gott? In meinem Leben bist du nicht, in meinem Leben ist nur Angst, Grauen und Entsetzen. Lieber Gott? Eine Täuschung, eine Fata Morgana, eine Illusion? Ich kenne dich nicht mehr. Ist das Leben ein Märchenbuch? Einen Gott, bei dem ich in meiner Angst und Not eine Zuflucht finden kann, kenne ich nicht mehr.

Nach meinem Misserfolg bei meiner Prüfung fühlte ich mich wie die alten Leute, die die Zeiten voller Fülle und Energie schon hinter sich haben. In meinem Land wollte ich nicht mehr jagen, jetzt war ich hier ein Gejagter. *„Von Haien geflohen von Wanzen gefressen."*

Ich hatte zwar noch Zeit, aber ich war sicher, zukünftig würde es Schwierigkeiten mit der Verlängerung meines Aufenthaltes geben. Die zehn Jahre Aufenthaltsbewilligung waren schon längst überschritten. Meine Befürchtungen haben sich bewahrheitet. Herr B von Landratsamt wollte wissen, wann ich mit meinem Studium fertig werden würde, was ich nicht preisgeben wollte und konnte. Er informierte sich bei der Universität über meine Lage. Monatelang hatte ich von ihm nichts gehört, wusste nicht, was er mit mir vorhatte. Wie die rechtliche Lage war, wusste ich nicht. Ich ahnte aber kein Happy End. Solange ich keine Antwort erhielt, durfte ich auch nicht arbeiten.

Ohne Bleiberecht, ohne Arbeit, ohne Geld, mit Familie und Schulkindern! Diese Vorstellung hätte ein betroffenes Individuum schon im eigenen Land psychisch ruinieren können, aber in einem fremden Land? Ich rechnete jede Minute mit einer Abschiebung. Ich hatte nie die Absicht gehabt, hier Asyl zu beantragen. Ich wollte immer, egal, wo es auch war, für mein Geld auch eine entsprechende Gegenleistung erbringen. Asyl zu beantragen empfand ich für mich als Schande. Mein Arbeitgeber im ‚Haus am Steinwall' war bereit mich fest und unbefristet einzustellen, dazu brauchte ich aber eine unbefristete Arbeitserlaubnis, die nicht auf drei Monate beschränkt war. Wie erwartet wurde ein entsprechender Antrag vom Arbeitsamt abgelehnt mit der Begründung, dass ich ein Student sei. Mein Antrag auf Einbürgerung nach neun Jahren Aufenthalt in Deutschland wurde mit derselben Begründung ebenso abgelehnt. Also schrieben wir an den Petitionsausschuss; die Antwort war ebenfalls negativ.

„Ein Hundchen wird gesucht,
Das weder murrt noch beißt,
Zerbrochene Gläser frisst
Diamanten ....“

Johann Wolfgang von Goethe

War ich nicht so ein ‚Hundchen'? Ich schrieb überallhin. Ich bekam einen Termin bei Frau Däubler-Gmelin, der damaligen Justizministerin. Sie konnte mir auch nicht weiterhelfen, sie sah auch als einzigen Ausweg das Land zu verlassen oder Asyl zu beantragen. „Beantragen Sie Asyl! So läuft es, leider!", sagte sie. Jetzt Asyl zu beantragen war also der zwingende Ausweg, ich musste diese Schande auf mich nehmen, zwar ohne äußerliche Schramme, aber dennoch als ein bleibendes Wundmal. Auch meine Frau befürwortete diese Lösung! Ich beauftragte wie immer einen Rechtsanwalt. Es wurde vereinbart, dass wir alle hier Asyl beantragen, was auch mein Rechtsanwalt begrüßte.

Als dann alles soweit war und der Rechtsanwalt für uns einen Asylantrag gestellt hatte, wurden meiner Frau die Konsequenzen eines solchen Antrags in ihrer ganzen Tragweite erst bewusst. Allein die Vorstellung, dass sie sich nicht frei bewegen könnte, nicht mehr nach Hause zurückgehen dürfte und unter Umständen sogar mit der Familie in ein Asylheim umziehen müsste, war für sie eine zu große Belastung, der sie nicht gewachsen war. Sie reagierte heftig: „Wer gibt dir das Recht, über mich und meine Kinder zu bestimmen?" Sie hatte ja Recht, so eine Reaktion ihrerseits hatte ich schon befürchtet. Ich wollte doch auch, dass ihr und den Kindern diese Unannehmlichkeiten erspart blieben. Sie und die Kinder hatten ohnehin kein leichtes Leben, gefesselt mussten sie nicht auch noch sein. Ich zog also den ersten Antrag zurück und beantragte Asyl nur für mich. Aber was wäre, wenn man mich in ein Asylheim fortschicken würde? Wie sollten sie versorgt werden, wer half den Kindern bei den Schulaufgaben, sie waren doch weiterhin auf meine Hilfe angewiesen.

Unterdessen hatten sich die nächtlichen Störungen von Frau T nach dem Tod ihres Mannes noch intensiviert. Ich beschloss umzuziehen. Ich habe den Sohn der Familie T über mein Vorhaben informiert und zugleich versprochen, dass ich zwei Nächte in der Woche bei der Frau T sein würde. Ich hatte auch nicht vor, Familie T im Stich zu lassen, Menschen, die mich in meiner Not unterstützt und meine Kinder hierher geholt hatten. Ich hatte ihnen gegenüber eine moralische Verpflichtung. Das war im Sommer 2001 in den Schulferien;

meine Frau und der jüngere Sohn waren abgereist, am Wochenende wollten wir umziehen, mitzunehmen gab es nicht viel, nur zwei Kartons voll. Den Herd, die Waschmaschine, den Kühlschrank und die neuen Schränke, die ich vor einem Jahr gekauft hatte, mussten wir dort zurücklassen, weil diese Sachen in die neue Wohnung nicht reinpassten.

Als es soweit war, versperrte Herr T mir den Weg, drohte mir an, dass er mich anzeigen werde, dass er seine Einladung für meine Kinder zurück nehmen werde. In diesem Moment ist mein Sohn, der bei mir war, ohnmächtig geworden, als er seinen Vater, sein Vorbild in einem fremden Land, allein und hilflos sah.

Ich ging ganz gelassen zu Herrn T, der gerade mit seiner Frau am Frühstücken war. „Wollen Sie mich anzeigen? Können sie das wollen? Dann tun Sie es, ich habe nichts zu befürchten. Nein, Herr T, Sie werden es nicht tun, ich werde mich selber anzeigen. Ich werde die Menschheit anzeigen, ich werde den Gott anzeigen, dem ich immer so brav und dankbar gegenüber war, der aber mir gegenüber so undankbar war wie Sie, den Gott, der mich zu Hölle verdammt hat wie Sie, der mich mit Verdammnis bedroht. Aber tun Sie, was zu tun ist, ich werde gehen, und für Sie, Herr T, möge gelten:

„Niemand, der hoch sitzt, soll auf sie herabschauen, die im Kot waten."

„Life will eventually end, there's no need for submission. If Submission were a must! (Then) there's no need for living."

Abul Qasem Lahouti

Ab diesem Zeitpunkt ging ich weiterhin zu Familie T, wie versprochen und nur aus moralischen Gründen. Ich schlief in der gleichen Wohnung wie Frau T angezogen auf der Couch. So war es leichter, ich musste mich nicht umziehen, wenn sie Hilfe brauchte; konnte auch sicher sein, dass ich im Haus war. Ein paar Monate habe ich das noch durchgezogen bis Frau T starb.
Die Bearbeitung meines Asylantrags dauerte länger als ein Jahr, in dieser Zeit bekam ich keinerlei Unterstützung, wir lebten mit dem geliehenen Geld, das meine Frau aus dem Iran mitbrachte. Das war sehr belastend. Besonders nach den Ereignissen am elften September 2001 in Amerika war das Leben für Ausländer nicht angenehmer geworden. Ich hatte weiterhin Kontakt zu Herrn T, und als ich einmal zu Besuch bei ihm war, fragte er mich, ob ich auch fliehen müsse so wie viele der so genannten Schläfer, die hier als Studenten lebten? „Nein deswegen nicht, aber ich versuche immer noch meinem Elend zu entfliehen", antwortete ich. Ja, Herr T.

Die Berliner Mauer ist gefallen, aber wie ist es mit der Mauer in den Köpfen?

Nach einem Jahr bekam ich eine Duldung und damit verbunden eine Arbeitserlaubnis für mich und meine Frau. Jetzt waren auf einmal alle meine Sorgen und Ängste weg. Als meine Probleme gelöst waren und ich klar denken konnte, habe ich bemerkt, was ich mir und meiner Familie angetan hatte, welche Schmerzen ich meiner Familie, besonders meiner Frau, zugefügt hatte. Wir betonen immer, was die anderen uns getan haben, aber was wir getan haben, ist uns nicht bewusst. Wir hatten das Lachen und das Leben vergessen, und schuld daran war nur ich.

Zwar konnte ich mir durch meine Arbeit im ‚Haus am Steinwall' eine größere Wohnung leisten, aber ich wollte bei der Familie H bleiben. Wir waren wie eine Familie. Da die Kinder, die jetzt keine Kinder mehr waren, mehr Platz brauchten, schlug Herr H vor, das Dachgeschoß auszubauen. Er besorgte Material, ließ Fenster auswechseln. Isolieren, Streichen et cetera haben wir durchgeführt. Anschließen hat er uns versprochen, dass wir in dem Haus auch dann bleiben dürften, wenn seine Mutter nicht mehr da sein sollte. Auf dieses Versprechen hin kauften wir uns eine neue Küche und weitere Annehmlichkeiten. Wir hatten alles, glücklich war ich aber immer noch nicht. Weshalb, konnte ich mir nicht erklären. Wenn ich an einem freien, sorglosen Tag in der Sonne saß und eine Tasse Kaffee trank, genoss ich es nicht. Innere Ruhe und Frieden fand ich nicht, für mich war alles immer noch eine Illusion und ein schöner Traum, der irgendwann ein Ende haben könnte. Ich wollte nicht nochmal enttäuscht werden, eine weitere große Enttäuschung könnte ich nicht mehr verkraften.

„Die neue Würde eng ihn,
Wie fremde Gewand sich auch nur durch Gewohnheit
Dem Körper fügt"

William Shakespeare

Nach einiger Zeit starb wie erwartet auch Frau H. Die Angehörigen fragten uns, ob wir in dem Haus weiter bleiben wollten? Das wollten wir, wir hatten ja auch eine Vereinbarung. Nach einem Rohrbruch im Bad, ließ Herr H dann fast das ganze Haus renovieren, es gab neue Fenster, neue Bäder, eine neue Küche im Erdgeschoß, neue Heizung, neue Strom- und Wasserleitungen. Das alles fand im Winter statt, wir mussten unser Leben komplett darauf einstellen. Drei Monate hat alles gedauert un oft hatten wir in dieser Zeit keinen Strom und kein Wasser. Drei Monate haben wir auf einer Baustelle mit Bauarbeitern gelebt und jeden Abend das Haus zu zweit gesäubert. Als die Renovierungsarbeit dann beendet war, sagte Herr H zu mir: „Die Renovierung hat viel gekostet, ich will das Haus verkaufen." Beiläufig fragte er mich, ob ich das Haus nicht kaufen wolle, obwohl er wusste, dass ich finanziell dazu nicht in der Lage war. Das war nur eine indirekte Ansage, dass ich nicht mehr lange in diesem Haus bleiben dürfe, was ich auch zur Kenntnis genommen habe. Das bedeutete wieder umziehen, wieder mitnehmen, was nicht niet- und nagelfest war, wieder ein Vagabund sein.

BESCHNEIDUNG DES HERZENS

Und sei das Leben noch so schön,
Das heimatlos verwaiste Herz
Schöpft aus dem vollsten Freudenkelch
Nur immer Bitterkeit und Schmerz.

Sándor Kisfaludy

Gestern war ich schlau, wollte die Welt ändern, heute bin ich weise und verändere mich selbst.

Rumi

Der Baum war schon gewachsen, wollte aber noch mehr wachsen, mehr Saft bekommen. Ihm wurden die Äste geschnitten, um seine Habgier zu drosseln, er kämpfte aber weiter, um weiter zu wachsen. Dann hat der Schiffbauer ihn umgeschlagen, ein Schiff gebaut, ihm die Freiheit gegeben, sich frei zu bewegen. Die Freiheit! Ist das auch die Freiheit im Nichts? Die verlorene Zukunft? Zurück zum Ursprung?

Jetzt war ich hier, ich durfte mich frei bewegen. Mein Leben war nicht so gelaufen, wie ich geplant hatte, aber ich hatte keine Sorge und keine Angst mehr. Wieso hatte ich also weiterhin keine Freude am Leben? Weshalb war ich nicht fröhlich? Ich habe beharrlich nach innerem Frieden gesucht. Wieso lagen auf meinem Weg so viele Niederlagen und Fehlschläge? Was ich jetzt erreicht hatte, sollte ich es als einen Triumph betrachten? 2004 traf ich einen Studenten, der auch in den Semesterferien im ‚Haus am Steinwall' arbeitete. Wir sprachen über vieles, auch über unsere Rastlosigkeit im Leben. Er sprach von seiner dreißigtägigen Wanderung auf dem Jakobsweg durch Spanien, was er auch mir empfahl zu tun. Fahrradfahren, Wandern, das war auch unser Lieblingssport, ein Sport, den wir uns gut leisten konnten, es kostete uns nichts. Ich arbeitete in drei Schichten, finanzielle Probleme gab es nicht. Aber ein sehnsüchtiges Verlangen nach mehr Wissen ließ mich nicht in Ruhe, besonders jetzt, wo meine Kinder studierten.

Ich bewarb mich für das Fach Zahnmedizin an der Uni R. Die Aussichtlosigkeit dieses Unternehmens war mir klar, aber dieser Wunschtraum musste auch irgendwann erfüllt oder gänzlich ausradiert werden.

2008 bekam ich einen Studienplatz. Beim Einschreiben fragte mich der Sachbearbeiter, weswegen ich Zahnmedizin studieren wolle. Ich antwortete: „Wir leben in einem freien Land, und ich habe eine Zulassung!“ Er rief die Zulassungsstelle an und erkundigte sich nach der Rechtmäßigkeit meiner Zulassung und murmelte: „Solche Personen halten unsere Kinder vom Studium ab.“ Ich ließ ihn wissen, wenn sein Kind die Eignung hätte, würde es auch vorrangig behandelt, denn „wir leben in einem Rechtsstaat“.

Das Semester hatte angefangen, die Grundkenntnisse hatte ich, demzufolge durfte ich am Technischen Präparierkurs teilnehmen. Ich hatte einen sehr schweren Stand. Aus Respekt oder anderer Rücksichtnahme, redete kaum jemand im Kurs mit mir. Die jungen Studierenden waren meistens unter sich, was für mich auch selbstverständlich war. Sie vertraten andere Interessen, die nicht annähernd die meinen waren. Drei Zahnärzte assistierten dem Kurs, in dem man unter anderem eine Teilprothese herstellen und sich von einem Assistenten beurteilen lassen musste. Als ich soweit war, ging ich zu dem Assistenten, dem ich zugeteilt war. Er strich seinen Vollbart, betrachtete mich und sagte: „Waschen Sie sich erst, dann kommen Sie zu mir!“ Ich blickte ihn lächelnd für paar Sekunden an, antwortete aber nicht, es hatte auch keinen Sinn, so einem Charakter und wertlosem Einzelwesen eine Entgegnung zu erteilen; er war nicht auf meinem Niveau. Die Schönheit ist schön, auch wenn man selber im Dreck steht, und Dreck bleibt Dreck, selbst wenn man ihn schön schminkt. Dumm bleibt dumm, auch wenn man ein Minister ist. Gegenüber solchen Äußerungen war meine Haut schon längst imprägniert, der Baum war aber umgeschlagen, die Laterne ging auf, und ich war befreit.

Nun verstand ich: *„Einen Waschlappen kannst du waschen und bügeln, dann ist er eben ein sauberer Waschlappen."* Ich nahm meine Sachen und verließ den Kurs. Mein Wunsch war endgültig auslöscht.

Im Juni 2009 wanderte ich ganz dann allein von C über R nach T im Elsass. ich schlief, wo sich die Gelegenheit anbot, mal im Zelt, mal im Hotel. In einem Bruderhaus fragte man mich nach meiner Herkunft, nachdem man meinen Ausweis und meinen Namen gesehen hatte. Erstaunt hieß es: „Ein Moslem auf dem Jakobsweg?"

Ich habe die Alpen überquert, den verlorenen Vater aber nicht gefunden. Ich konnte ihn nicht finden, weil ich ihn außen gesucht hatte.

Bis mir gesagt wurde:

„Pilgere um dein Herz, denn Kaaba ist nur ein Stein."

„Oh community of pilgrims (Hajis)!
Where are you, where are you
Come over, come over
The Beloved one is here
Like a wall to wall neighbor!
Your Beloved is close by
What is that you 're for
By wandering the desert?
If you intent to (clearly) see that
Cherished house (the kaaba)
Then first, polish away the haze from (your heart's) mirror."

Rumi

„Der Schiffbauer hatte den Baum wiederholt umgeschlagen, um mich zu befreien, ich habe aber den Baum wieder angepflanzt, und mich noch unerbittlicher gefesselt.“

Ich habe in dieser materiellen Welt alles verloren und mich und meine Familie mit Strohdreschen geplagt.

„Mein Kerker
Ist nur um ein klein weniges erweitert.
Ihr seht nicht die Mauer, die uns einschließt,
Weil sie der Bäume dicht Gesträuch versteckt.“

Friedrich Schiller

Wenn meine Frau nicht intelligent und geduldig genug gewesen wäre, würde auch meine Familie heute nicht mehr existieren, dafür kann ich ihr nicht genug Dank sagen.

Die tiefe Wunde, die ich ihr zugefügt habe, wird aber für immer bleiben.

„Nicht immer ist Verzeihung Versöhnung.“

Otto Weiß

„Verloren hab´ ich fast den Sinn vor Furcht.
Es gab ´ne Zeit, wo kalter Schauder mich fasste,
wenn der Nachtvogel schrie; das ganze Haupthaar
bei einer schrecklichen Geschicht´ empor
sich richtete, als wäre Leben drin.

Ich habe mit dem Graun zur Nacht gespeist;
Entsetzen, meines Mordsinns Hausgenoß,
schreckt nun mich nimmermehr.“

William Shakespeare

GLOSSAR UND ERLÄUTERUNGEN

Abguscht: Schmorfleischsuppe

Akhund: islamischer Geistlicher

Ayatollah: Ehrentitel für geistlichen Würdenträger

BAföG: Das Kürzel bezeichnet sowohl das Bundesausbildungsförderungsgesetz wie auch umgangssprachlich die Förderung, die sich aus dem Gesetz ergibt.

Baklava: süßes Gebäck mit Nüssen

Behescht: Paradies

Behescht-e-Zahra: Friedhof in Teheran

Char: Büsche

Dehkadeh-Saheli (wörtlich ‚Dorf am Strand'): Zu Schah-Zeiten wurde in einer Verordnung bestimmt, dass alle Arbeiter von Firmen an dem Gewinn der Firma beteiligt werden und in Erholungsorten ihre Urlaubszeit verbringen konnten. Dies waren Kurorte mit vielen Villen und Schwimmbädern, falls das Meer zum Schwimmen zu unruhig war. Hier konnten sich die Arbeiterfamilien für ein paar Tuman mehrere Wochen erholen. Möglichweise kann man heute die Ruinen davon als archäologische Denkmäler besichtigen.

Diwane: Verrückter, Irrer

Dschang aleihe Koffar: Krieg gegen die Ungläubigen

Dschihad-e-Sazandagi: Freiwilligeneinsatz zum Aufbau des islamischen Iran; Kurzform: Dschihad

EG: Europäische Gemeinschaft, supranationale Organisation; ab 1993 Kernstück der heutigen Europäischen Union (EU)

Ghatschaghtschi: Drogenhändler

Golfkrieg: hier 1.Golfkrieg zwischen Iran und Irak

1980-1988

Hajagha: auch Hadschagha; ist ein Ehrentitel für eine Person, die den Hadsch, die islamische Pilgerfahrt nach Mekka, unternommen hat

haram: ‚unrein', sündig im islamischen Glauben

Hokumat-e-Mostazafin: Iranisches Islamisches Regime, wörtlich: Regime, ‚das für die armen Menschen zuständig ist'

Hokumat-e-Taghut: Schah-Regime

Imam-e-Jomeeh: Akhund, der beim Freitagsgebet predigt

Kaaba: wichtigstes Pilgerziel des Islam; Gebäude in Mekka, in dessen Gemäuer ein schwarzer Kultstein eingelassen ist

Kawir-e-Lut: große Wüste im Iran

Kismet: Schicksal

Kokzidiose: Durchfallerkrankung

Krieg: siehe Golfkrieg

LFZG: Gesetz über die Zahlung des Arbeitsentgelts an Feiertagen und im Krankheitsfall

Mahareb-e-Ba Choda: Person, die gegen Gott kämpft

Memar: Architekt

Mofsed-e-Felarz: Ungläubiger

Mol: Wellenbrecher

Motahhari: persischer Philosoph

Mullah: siehe Akhund

Pasche: Stechmücken

Paschmak: Zuckerwatte

Pasdar: Mitglied der Revolutionsgarden

Pasdar-e-Zendan: Gefängniswärter

PNDS-Zertifikat: Zertifikat der Prüfung zum Nachweis deutscher Sprachkenntnisse

Ranand-e-Minibus: Busfahrer

SAWAK (wörtlich: ‚Organisation für Informationen und Sicherheit des Landes'): 1957-1979 iranischer Geheimdienst in der Schah-Zeit

Schilat: staatliche Fischfangorganisation

Sepah-e-Tarwig wa Abadani: Hauswirtschaftslehrerin

Sepah-e-Danesch: Bildungsbrigade des Erziehungsprogramms in der Weißen Revolution (s. u.!)

Schohada: Märtyrer

Tuman: iranische Währung

Volksmudschahedin: militante schiitische iranische Oppositionsbewegung

Weiße Revolution: ‚Revolution von Schah und Nation', ein ursprünglich sechs Punkte umfassendes Reformprogramm, das vom Schah nach Plänen von Ali Amini am 11. Januar 1963 auf dem Nationalkongress der iranischen Bauern in Teheran vorgestellt und am 26. Januar 1963 durch ein Referendum verabschiedet wurde.
Es sollte den Iran modernisieren und die sozialen Verhältnisse verbessern.

Das Sechs-Punkte-Programm der Weißen Revolution:

1. Abschaffung des Feudalsystems und Verteilung des Ackerlandes von Großbesitzern an Bauern.
   (Davon hatte mein Vater profitiert.)
2. Verstaatlichung aller Wälder und Weideflächen
3. Privatisierung staatlicher Industrieunternehmen zur

Finanzierung der Entschädigungszahlungen an die Großbesitzer

4. Gewinnbeteiligung für Arbeiter und Angestellte der Unternehmen
5. Allgemeines aktives und passives Wahlrecht für Frauen
6. Bekämpfung des Analphabetentums durch den Aufbau eines Hilfslehrerkorps (‚Armee des Wissens'):
   Im Oktober 1963 wurde vom Parlament ein Gesetz verabschiedet, mit dem das Erziehungsministerium und das Verteidigungsministerium beauftragt wurden, die Wehrpflichtigen, die das Gymnasium mit dem Abitur abgeschlossen hatten, zu Hilfslehrern auszubilden, um dem akuten Lehrermangel auf Dörfern abzuhelfen. Junge Wehrpflichtige, junge Männer wie auch Frauen, konnten sich nach der Grundausbildung zu diesem Ersatzdienst melden und wurden dann nach einer entsprechenden vier Monate dauernden Weiterbildung in die einzelnen Dorfschulen entsandt.

Der Einsatz der Armee des Wissens erwies sich als Erfolg. So wurden von ihrer Gründung von nahezu 200 000 jungen Männern und Frauen mehr als 2,2 Mio. Jungen und Mädchen und mehr als eine Mio. Erwachsene in diesen Schulen unterrichtet. Die Rate der erwachsenen Analphabet*innen auf den Dörfern lag zu Beginn des Programms bei 95%, zehn Jahre danach bei 80%. Im Jahr 1969 wurden in Dörfern im ganzen Iran 293 000 Schüler*innen in 7 541 neu gebauten Schulen unterrichtet. Im Jahr 1976 waren es bereits 656 000 Schüler*innen in 14 732 neuen Schulen. 1972 wurde der ‚Armee des Wissens' auf Grund ihrer erfolgreichen Arbeit der UNESCO-K.-Kruskaya-Bildungspreis verliehen.

In diesem Zeitraum waren neben den 8 873 Lehrer*innen in Uniform weitere 23 856 Freiwillige in 161 Einrichtungen tätig.
Die Gesundheitsarmee (‚Sepah-e-Behdascht'): Am neunte Februar 1964 wurde vom Parlament das Gesetz zum Aufbau einer Gesundheitsarmee verabschiedet. Ziel der Gesundheitsarmee war die Verbesserung der Gesundheitsversorgung im ländlichen Raum. Wehrpflichtige Ärzte, Zahnärzte, Tierärzte und die jenigen, die eine Ausbildung im Gesundheitswesen besaßen, konnten anstelle des Wehrdienstes ihren Dienst in der Gesundheitsarmee ableisten.
Die Armee für Wiederaufbau und Verschönerung (‚Sepah-e-Tarvidsch va Abadani'): Diese war für den Einsatz in der Modernisierung der Landwirtschaft, für den Bau von Schulen et cetera gedacht, um die Lebensqualität in den Dörfern zu steigern.

Der spätere Führer der Islamischen Revolution Ruhollah Khomeini sprach sich 1963 vehement gegen das Reformprogramm des Schahs aus, sah in dem Programm, dessen Hauptpunkte aus einer Landreform, der Stärkung der Rechte der Frauen und einer Alphabetisierungskampagne bestand, einen Angriff auf den Islam. Er brandmarkte das Reformprogramm als ein gegen Gott gerichtetes Vorhaben.

Zusammengestellt nach:
https://de.wikipedia.org/wiki/Wei%C3%9Fe_Revolution
Letzter Aufruf am 9.12.2019 um 17:09

INHALT